August Rohling

Meine Antworten an die Rabbiner

oder Fünf Briefe über den Talmudismus und das Blut-Ritual der Juden

August Rohling

Meine Antworten an die Rabbiner
oder Fünf Briefe über den Talmudismus und das Blut-Ritual der Juden

ISBN/EAN: 9783744683418

Hergestellt in Europa, USA, Kanada, Australien, Japan

Cover: Foto ©ninafisch / pixelio.de

Weitere Bücher finden Sie auf **www.hansebooks.com**

Meine Antworten an die Rabbiner.

Oder:

Fünf Briefe über den Talmudismus und das Ritual der Juden.

Von

Prof. Dr. Aug. Rohling

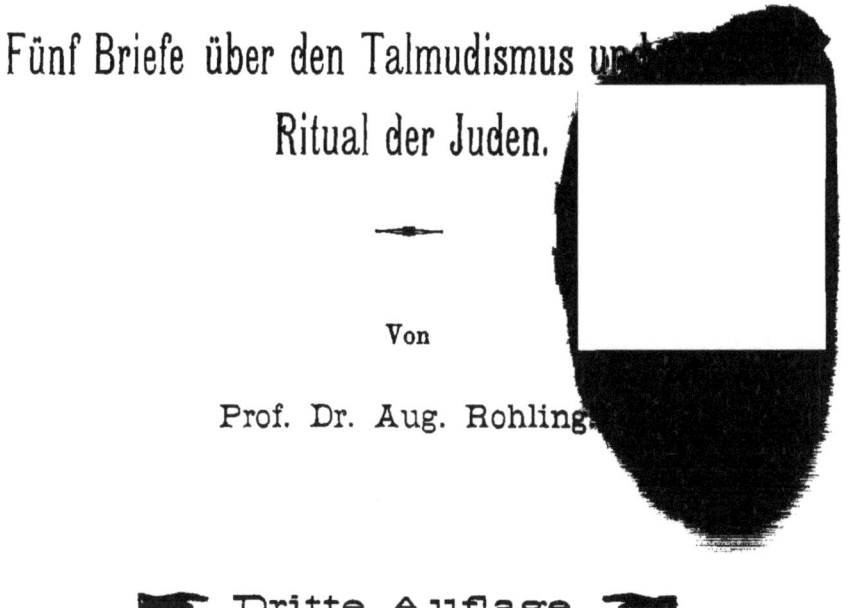

☞ Dritte Auflage. ☜

P r a g.

Druck und Verlag der Cyrillo-Method'schen Buchdruckerei (J. Zeman & Co.).

1883.

In mehreren Organen der semitisch-liberalen Clique ver-
öffentlichten vor einiger Zeit zwei Rabbiner folgende Erklärung:

In der am 28. d. M. hier stattgehabten Schwurgerichts-
verhandlung ist auf Grund der von Rohling verfassten Schrift:
„Der Talmudjude" behauptet worden, das Citat, „dass die
Christen Hunde, Schweine und Esel seien", sei im Talmud
enthalten.

Dem gegenüber erklären die Unterzeichneten auf das
Entschiedenste, dass die Aeusserung Rohling's, welche
übrigens aus Eisenmenger's „Entdecktes Judenthum" abgeschrieben ist, auf Unwahrheit beruht. indem eine solche
Stelle im Talmud sich nirgends vorfindet.

Bei dieser Gelegenheit geben wir die Erklärung ab, dass
der Talmud überhaupt nichts Feindseliges gegen Christen
enthält.

Wien, 30. October 1882.

Dr. M. Güdemann.   Dr. Ad. Jellinek.

Im Anschlusse an diese Erklärung veröffentlichte ich in
Briefen die nachstehenden Entgegnungen:

Erster Brief.

Der Talmud lehrt, dass der Jude vor Gericht den Nichtjuden auf jeden Fall zu besiegen trachten solle, entweder mit
Hilfe des Gesetzes, oder. wenn dies nicht möglich, durch Betrug
(Baba Kamma 113 a). Wenn also selbst vor Gericht, wo es
gar auf den Eid geht, dem Juden die Betrügerei erlaubt ist,
was darf er sich erst ausserhalb des Gerichtes, in Zeitungen
und sonstwo herausnehmen! Wenn die obgenannten Herren
Rabbiner erklären, im Talmud finde sich nichts gegen die

1*

Christen, so ist dies demnach wohl leicht als eine arge Schel-
merei zu erkennen. Abraham Geiger (der im Jahre 1874 ver-
storbene Reform-Rabbiner) gab wenigstens zu, es gäbe freilich
der christenfeindlichen Sprüche im Talmud genug; er suchte
dem Publicum nur blos einzureden, sie seien nicht übel gemeint!
Aber jedenfalls dürften sich die Nichtjuden es verbitten, a.s
Hunde (Megilla 7 b), Esel (Berachoth 25 b), Viehsame (Jeba-
moth 94 b Tos.) bezeichnet zu werden. Das Prager Gebetbuch
(Machsor II 56. a) nennt die Christenheit gar „Edom, das
Schwein". Der Tractat Aboda Zara (6 a) stellt die Christen
unter die Götzendiener, und im Tractat Gittin 57 lehrt der
Talmud, dass Jesus, gleich Bileam, im Abgrund der Hölle im
Unrath gekocht werde. Sind derlei Dinge etwa gut gemeint?
Es ist rabbinisches Axiom, das Leben des Nichtjuden sei in
der Hand des Juden, umsomehr das Eigenthum desselben
Josef Albo, der an der berühmten Disputation zu Tortosa
1413—14 betheiligt war, Sefer Ikkarim, d. h. Fundamente des
(Glaubens III 25).

Da unter den Quellen der hebräischen Alterthumswissen-
schaft, für die ich von Sr. Majestät dem Kaiser als ordentlicher
Professor an die Universität zu Prag berufen wurde, der Talmud
und das rabbinische Schriftthum eine hervorragende Stelle
einnehmen, so habe ich einen staatlich anerkannten Anspruch,
in diesen Fragen zu votiren. Demgemäss habe ich im Sommer
1881 am Prager Oberlandesgericht zu Handen des Oberlandes-
gerichtsrathes Marx das amtseidlich erhärtete Gutachten deponirt, dass der Jude von Religionswegen befugt ist, alle Nichtjuden auf jede Weise auszubeuten, sie physisch und moralisch
zu vernichten, Leben, Ehre und Eigenthum derselben zu verderben, offen und mit Gewalt, wie heimlich und meuchlings; —
das darf, ja soll, wenn er kann, der Jude von Religionswegen
befolgen, damit er sein Volk zur irdischen Weltherrschaft bringe.*)

Angesichts dieser Thatsachen haben wir gewiss das Recht,
eine gesetzliche Regelung der Judenfrage zu verlangen. Wir
sind nicht Antisemiten, die den Juden schädigen, sein gerechtes
Eigenthum vernichten, sein Leben antasten wollen, aber wir
wollen den Schutz der Christenheit durch heilsame Gesetze,
welche den Semiten die Ausbeutung unseres Volkes abschneiden
sollen.

*) Das Gericht in Dresden, welches obiges eidliches Gutachten ver-
anlasste, sprach darauf hin die dortigen Christen frei, welche von den
Juden auf Religionsstörung u. dgl. verklagt worden waren, obgleich sie
nur zum Schutz des christlichen Volkes die Abwehr des Talmudismus
begehrt hatten.   Dr. Rohling.

Da die Herren Rabbiner Jellinek und Güdemann es wagten,
offen daliegende, unter den Fachleuten allbekannte Thatsachen
in Mitte unserer altehrwürdigen Kaiserstadt in Abrede zu stellen
und durch die wahrheitswidrige Leugnung des antisocialen und
antichristlichen Charakters der talmudisch-rabbinischen Literatur selbst das Ansehen eines gerechten Richterpruches in
Misscredit zu bringen, so hielt ich es als Universitätslehrer,
der durch einen heiligen Eid mit Kaiser und Volk verknüpft
ist, für meine Pflicht, meine Stimme zu erheben und durch
Darlegung des wirklichen Sachverhaltes jenen echt christlichen
Antisemitismus zu fördern, der gesetzliche Massregeln zum
Schutze des christlichen Volkes wider jüdische Ausbeutung
verlangt. Unsere Parole ist: „Christenschutz, nicht Judenhatz."

Dr. Aug. Rohling,

o. ö. Professor der hebr. Alterthümer
an der k. k. Universität zu Prag.

Zweiter Brief.

Man muss erstaunen, dass die Herren Jellinek und Güdemann sich in einer Erklärung mit meinem „Talmudjuden" zu
schaffen machten. Wissenschaftlich betrachtet ist diese Erklärung durchaus lächerlich und unwahr, wesshalb sie an und für
sich gleich tausend ähnlichen Auslassungen einfach ignorirt zu
werden verdient. Weil sich aber die beiden talmudistischen
Deklaranten, wie es heisst, in der alten Kaiserstadt über die
Maassen breit zu machen verstehen, wurde in dem dortigen
„Vaterland" bereits sehr gut bemerkt, dass sich die ehrenwerthen
Doktoren einiger Kunststückchen bedienten, um das Wiener Publikum bei guter Laune zu erhalten. Die Edlen gingen nämlich
von der Thatsache aus. dass der Talmud wie überhaupt die
jüdischen Religionsschriften nicht immer, wo sie speciell
auch die Christen meinen, das dafür übliche Wort Nazarener
gebrauchen, sondern meistens die „Fremden", die „Andern",
„Götzendiener", die „Edomiter". die „Gottlosen" u. s. w.
setzen. Weil nun aber eben die Christen bestimmt genug als
Götzendiener (z. B. Aboda zara fol. 6 a durch Subsumirung
unseres Sonntags unter die Festtage der Götzendiener) u. s. w.
bezeichnet werden, so eignet ihnen auch die jüdische Betitelung
der Fremden, der Gojim u. s. w. als Hunde (Megilla fol. 7 b),
Esel (Berachoth fol. 25 b), Viehsame (Jebamoth 94 b Tos),

Schweine (sogar im Prager Gebetbuch Machsor II. 56 a heissen wir Edom, das Schwein) u. dgl.

Wenn ein Sachverständiger die Erklärung der genannten Herren zu Gesichte bekommt, muss er sich fragen, ob der Gerichtshof die Verfasser nicht zur Strafe ziehen werde. Denn wenngleich des gerichtlichen Urtheils nicht gerade Erwähnung geschieht, so scheint es doch, das öffentliche Wohl könnte schwer geschädigt werden, wenn man die ganz unwahre Nachricht ungestraft unter das Volk bringen dürfe, der Talmud enthalte nichts den Christen Feindliches, jene garstigen Titel bezögen sich nicht auf die Christen; der antisociale und antichristliche Charakter des Talmud und überhaupt des rabbinischen Schriftthums, die beide religiös bedeutsam für Juden sind, bildete doch die eigentliche Basis des gerichtlichen Urtheils und diese Basis gegen die offenbare Wahrheit in Abrede zu stellen, das möchte doch das Maass des Zulässigen nicht wenig überschreiten.

Wie kommen denn jene Herren Deklaranten, welche als Talmudkenner die Wahrheit wissen müssen, zu der unbegreiflichen Behauptung, der Talmud sei nicht christenfeindlich? Können sie hoffen, auf diesem Wege dem Volke und seinen Führern Glauben abzugewinnen, wenn sie über kurz oder lang zu erklären genöthigt sein werden, der Talmud und das rabbinische Schriftthum seien zwar antisocial und antichristlich im höchsten Grade, aber die Judenheit wolle sie nicht mehr befolgen, sondern blos Moses hören? Bekanntlich legten vor Zeiten die preussischen Rabbiner vor König Friedrich ein solches Gelöbnis ab, weil sie nicht im Stande waren gegenüber den amtseidlichen Gutachten der officiel votirenden Universitäten des In- und Auslandes mit einer Reinwaschung des Talmudismus Glück zu machen. Der König erwiederte aber mit Recht, er habe jenes Gelöbniss nicht verlangt und kümmere sich nicht darum.

Ob nun die Herren Jellinek und Güdemann ihre wahrheitwidrigen Behauptungen aufrecht erhalten können, möge das Publikum entscheiden. Jedenfalls ist Thatsache, dass der Talmudjude von Religionswegen befugt, ja, wenn er kann, verpflichtet ist, den Nichtjuden durch Lüge und Betrug physisch und moralisch zu v e r n i c h t e n, ihn öffentlich und gewaltthätig, wie heimlich und meuchlings zu t ö d t e n; es ist rabbinischer Grundsatz: gufo muthar kol schechen mamoma d. h. das Leben (des Nichtjuden) ist in deiner Hand (o Jude), wie viel mehr sein Eigenthum (cf. Rabbi Jos. Albo, Fundamente des Glaubens dritter Theil Kap. 25). Sogar vor Gericht kann man nicht sicher sein, weil der Talmud (Baba kamma 113 a) lehrt, der Jude müsse auf alle Fälle in Prozesssachen mit Nichtjuden den Sieg haben, sei es durch ᴜᴀs Gesetz oder wenn dies nicht gehe, durch Ränke oder Betrügereien; doch wird als Rath Ismael's eine Wendung beigefügt, welche sagt, man solle sorgen, nicht endeckt zu werden. Wass soll man da auf den jüdischen E i d geben, der gegen Nichtjuden abgelegt wird, abgesehen davon, dass ein Eid gegenüber Thieren, (Hunden, Schweinen — sit venia verbo!) in sich ein leeres Ding, also, wenn auch leichtsinniges Sprechen heiliger Worte, doch keinenfalls die schwere Sünde von Meineid bewirken kann? Andere mögen sagen, der Jude würde gewisse strenge Eidesformeln respektiren auch im Bereich des dem Talmudismus untergebenen Abendlandes; aber die Formel mag noch so streng sein, so lässt der obige Spruch Baba kamna 113 a (abgesehen von dem Grundsatz juramentum sequitur naturam actus und Stellen wie Baba bathra 123 a, Megilla 13 b u. A.) den weitesten, lügenhaftesten Restriktionen Thür und Thor offen.

Ueber sonstige antihumane Sprüche des Talmudismus (z. B. Aboda zara 13 b, 20 a; Baba k. 29 b, Sanh, 76 b) wollen wir hier nicht reden, auch nicht darthun, da es eben Sache der betreffenden Juden selbst ist, dass sie sich im Gewissen, mit dem bequemen Satz helfen können, die böse Natur (der jäcer hara) sei unüberwindlich und zwinge oft zum Sündigen und es sei alles gut, wenn man nur Jude sei und bleibe (so die Archives israélites XV. 711.)

Dass diese Dinge in Wahrheit von Religionswegen den Juden gestattet, ja, wo es ausführbar ist geboten sind, habe ich mit einer Detailausführung noch im Sommer 1881 am Prager Oberlandesgericht zu Händen des Oberlandesgerichtsrath Marx a m t s e i d l i c h deponirt, weil von Dresden her das Gericht meine Ansicht zu wissen wünschte; wie nicht anders zu erwarten war, wurden die Dresdener Christen, welche der Judenhetze, der Religionsstörung · u. dgl. von den Juden angeklagt waren, denn auch v ö l l i g f r e i g e s p r o c h e n.

Natürlich bezog sich meine amtseidliche Aussage über die gegen Nichtjuden gerichteten Sprüche des Talmudismus ganz speciell auf die Christen, weil kein Volk der Welt eben mehr dem Rabbinismus verhasst ist, als das christliche. Das wird wohl jeder begreifen, wenn er weiss, dass Christus, unser Herr und Gott, hochgelobt in Ewigkeit, in manchem Talmudexemplar tractat Gittin fol. 57 mit dem Zauberer Bileam gleichgestellt wird. Und da soll der Talmud die inhumanen Sprüche nicht auch gegen die Anbeter des vorgeblich „abscheulichsten Bösewichtes" gerichtet haben wollen!

Aber interessant und vielbeweisend ist es, wie Rabbi Dr. Kroner seiner Zeit gegen mich (in den zwei kleinen Gegenschriften K.'s gegen den „Talmudjuden" Coppenrath, Münster 1872) behauptete, jene Stellen fänden sich nicht im Talmud, während Rabbiner Dr. Landsberger in Darmstadt (Mainzeitung Mai 1872 „zur Abwehr") die Stellen wohl als vorhanden anerkannte, aber anders auslegen zu müssen glaubte. Gleichfalls erklären Jellinek und Güdemann, es stehe nichts gegen die Christen im Talmud, während der gefeierte Abraham Geiger, der als Oberrabbiner der grossen jüdischen Gemeinde von Berlin vor einigen Jahren starb, in seinen „Vorlesungen" (2. A 1865) zugab, die christenfeindlichen Stellen stünden wohl da, seien aber nicht übel gemeint! In der That, wie Himpel in Tübingen gut sagte, eine baumwollene Bemerkung! Gittin 57 und das Andere nicht übel gemeint! Was wohl Jellinek und Güdemann zu derlei Widersprüchen der Rabbiner zu sagen haben? Freilich, es wird sie schwerlich beunruhigen, da nach dem Talmudismus ja alle Worte der Rabbiner, mögen sie auch noch so sehr einander widersprechen, durchaus Gottes Worte sind!

Für solche Leser, welche etwa denken möchten, der Jude des 19. Jahrhunderts werde doch nicht auf den Talmud und andere Schriften schauen, die längst verflossenen Zeiten entstammen, ist Folgendes zu bemerken.

Zunächst wird es jedem auffällig sein, dass die Rabbiner aller Länder, wenn wir (im Interesse des Christenschutzes, nicht zum Zwecke von Judenhetzen) auf die verwerflichen Lehren des Talmudismus hinzeigen, sofort bei der Hand sind, diese entweder ganz zu leugnen, oder durch spezielle Interpretationskünste umzudeuten. Es ist dies vorhin klar gemacht an Jellinek und Güdemann neben Geiger, Kroner neben Landsberger; aus den einigen dressig kleinen und grossen Schriften, die gegen den „Talmudjuden" erschienen und den zahllosen Leistungen der Journalistik könnte man noch eine Menge Belege dafür bringen. Wäre also der Talmud und das damit verbundene rabbinische Schriftthum, kurz der Talmudismus, nicht mehr für die moderne Judenschaft religiös bedeutsam, so würde es unbegreiflich sein, wie man sich so sehr darüber echauffiren könnte. Die Apokryphenliteratur der Christen, die Schriften der Mandäer und anderer christlicher Sekten, ja selbst die grossen Werke vieler unser katholischen Vorfahren enthalten mancherlei Irrthümer; der hl. Augustin schrieb sogar zwei Bücher-Retractationen: aber es fällt uns gar nicht ein, Irrungen und selbst Abscheulichkeiten (z. B. der Mandäerschriften) zu leugnen oder umzudeuten — weil unsere Religionsbekenntnis durch das lebendige

Lehrwort des Apostolischen Stuhles bestimmt wird. Wären also Talmud und rabbinisches Schriftthum nicht religiös-bedeutsam, warum so viel Lärm!? Hiemit stimmt es überein, dass die jüdischen Gelehrten fortwährend auch mit voller Ausdrücklichkeit noch in der Gegenwart den Talmud über die Bibel stellen. Die Archives israelites (XXV, 150) erklären: Wir bekennen die unbedingte Superiorität des Talmud über die Bibel. Der Schweizer-Rabbi Dr. Rubens (der alte und neue Glaube im Judenthum. Zürich 1878) berichtet, dass die Mainzer und die Breslauer Richtung die jüdische Theologie und das praktisch-kirchliche (jüdische) Leben der Gegenwart beherrschen, aber bei allen Differenzen doch an dem Traditionsglauben des Talmudismus festhalten. Rabbi Kroner gab, wie in der 2. Auflage des „Talmudjuden" nachgewiesen, in zahlreichen Fällen, dem Talmud gegen die Bibel Recht und fand z. B. l. c. II p. 40, dass der Begriff des Nächsten in den 10 Geboten für den Juden blos den Juden einschliesse, was damit stimmt, dass selbst der berühmte jüdische Philosoph Maimonides, der in „Jad Chazaqa" einen trefflichen Auszug aus dem Talmud machte, irgendwo sagt: „Du sollst nicht tödten d. h. keinen Juden." Von dem Breslauer Leiter des Rabbinerseminar's Prof. Dr. Grätz ist bekannt, wie christenfeindlich er selbst in seinen deutschen Schriften ist: man lese nur seine vielbändige Geschichte der Juden. Rabbi Dr. Duschak in Krakau ging in seiner Keckheit so weit (Rahmer's jüd. Literaturblatt 1877), sogar die jungfräuliche Sittenreinheit Jesu Christi anzutasten, eine Verwegenheit, die selbst das gottesmörderische Pharisäerthum gegen den Herrn bei Lebzeiten niemals wagte. Rabbi Dr. Stier (ebend. 3. August 1881 Magdeburg) bringt die schauerliche Parallele zwischen Bileam und Christus wieder in Erinnerung (aus Gittin 57) — und da soll der Talmud kein Werk sein, das fortwirkt bis in die Gegenwart, und zwar gar bei studirten Juden, welche der humanen Civilisation, der klassischen Bildung und dem Umgang mit Christen, zumal seit der Emancipation, doch andere Ideen hätten abgewinnen können. Was wird da erst bei der Heerde geschehen, welche von solchen studirten Rabbis pastorirt wird?

Gerade seit der Emanzipation haben die gelehrten Juden auch grossen Eifer an den Tag gelegt, alte christenfeindliche Schriften neu herauszugeben. Herr Jellinek weiss selbst in dieser Hinsicht Produkte seiner Feder zu nennen. Die Herren sagen vielleicht, es geschehe blos in literarhistorischem Interesse. Aber wir danken dafür. Rabbi David Deutsch gab hebräisch und deutsch den alten Troki heraus, einen wahren Molch von Galle und Gift wider das Christenthum, Rabbi Léon Schlossberg kündigt eben eine deutsche, französische und englische Ausgabe eines alten arabisch-jüdischen Schmählibell's an, worin ein Jude unter der Maske eines abgefallenen Bischofs gräuliche Lästerungen ausstösst. Rabbi Dr. Bloch in Wien, dessen Namensvetter in Posen auch wider mich ein Büchel schrieb, findet, dass „Jesus keine Spur patriotischen Gefühles hatte, dass er sich für Begriffe, die eigentlich die Grundbasis des sittlichen Lebens bilden und das sittliche Herz bis in die tiefsten Tiefen erfüllen und bewegen, nun und nimmer erwärmen konnte", weil er nämlich, wie Bloch beifügt, an der politischen Revolte gegen Rom zur Herstellung eines weltlichen Judenreiches nicht Theil nehmen wollte. Kein Wunder, dass man den Herrn nicht sittlich findet, wenn man weltliche Dinge zum höchsten Ziele nimmt. Schon der Talmud hat eine schmutzige Andeutung über die Empfängniss des Herrn, die in dem rabbinischen Buch Toldoth jeschu schauerlich ausgemalt und, wie man an Duschak, Schlossberg, Bloch und Gen. sieht, bis heute in allerlei Tönen gesungen wird. Geiger fand in seinen „Vorlesungen", dass Jesus keinen neuen Gedanken aussprach, ja (jüdische Zeitschrift 1872), dass der Herr eigentlich gar nichts gethan habe und gleichwohl eine Art von Gott werden musste. Rabbi Levin fügt (bei Rahmer) hinzu, dass sich der Heiland mit Hillel im Wissen und Können auch nicht entfernt messen konnte. Delitzsch hat in seinem Heft über die jüdische Presse, woraus wir hier Einiges benützen, eine Menge ähnlicher Dinge gesammelt, und jeder Leser kann sich leicht ein ganzes Album solcher Bildchen zusammenstellen, wenn er nur Philippson's Allgemeine Zeitung des Judenthums (Bonn), Rahmer's Wochenschrift mit Literaturblatt (Magdeburg), Lehmann's „Israelit" (Mainz), den Jeschurun" von Budapest und andere Blätter unserer jüdischen Mitbürger ansieht, von ihrer politischen Tagespresse gar nicht zu reden.

In allen Ländern, wohin man blickt, ist demnach der Geist des Talmudismus so lebendig, wie nur je. Und wir wiederholen, wenn selbst die Gelehrten, die Schriftsteller, die Rabbis derlei produziren, wessen muss man sich erst sonst versehen? Die Nationalökonomen mögen es beurtheilen, ob der materielle Wohlstand der Staaten seit der Emancipationen gewonnen habe!

Wir unserseits erklären feierlich, dass jener Antisemitismus, welcher den Juden die Fenster einwirft, ihr Eigenthum und Leben schädigt, antichristlich ist und deshalb mit Recht von den Regierungen auf jede Weise verfolgt wird.

Der christliche Antisemitismus, welchem wir das Wort reden, verlangt für die Juden wohlwollende Duldung und kräftigen Schutz wider jede Ungebühr, hält es aber für nothwendig, zum Wohl der Christenheit gewisse Schranken wieder herzustellen, welche unsere Vorfahren in grosser Weisheit aufgerichtet haben. Man könnte freilich denken, dass ein Volk, welches eine Religion hat, wie sie der Talmudismus bietet, überhaupt zu vernichten oder zu verjagen, auf St. Helena oder in Cayenne einzuschliessen wäre. Freilich aber der christliche Glaube kann diese an und für sich nicht unvernünftige Idee nicht approbiren, weil Gottes positiver Wille, wie er in den Weissagungen der Bibel ausgedrückt ist, die Zerstreuung jenes Volkes über die ganze Welt bestimmt hat, damit es ein stetes Zeugniss der Offenbarung sei Allen, die sehen — wollen. Deshalb dachte man auch im christlichen Mittelalter auf kirchlicher Seite nie an Derartiges, man begnügte sich mit Ausnahme· gesetzen, die selbst nach Renan (s. Archives isr. 15. Juni 1868) nothwendig sind wegen der Grundsätze des Talmudismus und so bezeichnet auch der Gelehrte Granderath (Laacher Stimmen 1879 II 183) eine Ausnahmestellung der Juden als eine den Gesetzgebern nicht blos erlaubte, sondern auch durch die Pflicht der Sorge für die Unterthanen gebotene Massregel. Die Juden sind eben, wie schon Pfefferkorn sagte, keine Mosaisten mehr, sondern Abtrünnige von Moses, weil Talmudisten. Dies gilt natürlich im Grossen. Einzelne Ausnahmen gibt es immer, aber die Gesetzgebung muss die allgemeinen Zustände berücksichtigen. Gewiss ist zu erwarten, dass die Regierungen, wie wir es rathen, die Sache bald legal zum Austrag bringen werden; denn sollte die wissenschaftlich und praktisch, durch Amtseide wie durch einfache ehrliche Aussagen der Sachkenner genügend als unerträglich erwiesene Lage der Dinge nicht zu gesetzlichen Regelungen führen, so ist sehr zu besorgen, dass die antichristlichen Mächte des Socialismus und Nihilismus mit roher Brutalität über die Juden herfallen werden.

Sollte man dem Budapester jüdischen „Jeschurun" (22. September 1882) glauben müssen, so möchte ich wohl kein Wort mehr sagen dürfen. Denn das Blatt schreibt l. c., dass ich „ein nichtswürdiger, gottverfluchter falscher Lehrer" bin, „dessen Satanslehre nach" (vorgeblichen) „Ausweis des Dresdener Antisemiten-Kongresses die ganze antisemitische Bewegung erzeugte, sogar den Fall von Tissa-Esslár*) in's Da-

---

*) Die ungarischen Juden sammeln jetzt Gutachten, ob im Talmud ritueller Mord gestattet werde. Ich schliesse mich mit dem Votum an, dass im Talmud davon nichts Sicheres steht, aber laut dem Zeugniss der

sein setzte und wie ein Alp die sieben Millionen Juden der
ganzen Erde drücke, weshalb die Wiener israelitische Allianz
Allerhöchsten Ortes gegen mich einschreiten müsse, um das Feuer
zu löschen, wie es einst in Damaskus durch Cremieux und
Montefiore gelöscht worden" sei. Unterzeichnet ist diese Kund-
gebung in Namen von „Hunderttausend wegen ihres Glaubens
tief gekränkter Juden". Cremieux und Montefiore löschten bekanntlich das Feuer in Damaskus, indem sie den Türken schwer-
res Geld spendeten; das wird man doch Allerhöchsten Ortes
nicht zu versuchen wagen, diese Löscharbeit wäre dort unmög
lich. Uebrigens hat Israel Allerhöchsten Ortes in dieser Sache
überhaupt nichts zu thun, da lediglich mitgetheilt wurde, was
die Juden selbst geschrieben haben und dies oberdrein zum
wahren Wohl der Juden nicht weniger als der Christen.

Prof. Dr. Rohling.

Dritter Brief.

Hochgeehrter Herr Redacteur!

Unsere Hebräer sind wieder da! Sie haben Rath gehalten,
was zu thun sei, und sind endlich übereingekommen, dem geehrten Publicum feierlich ihre — Unschuld zu betheuern. „Einer
von den Hunderttausenden wegen ihrer verlästerten jüdischen
Religion tief gekränkten Juden" ergreift das Wort im Budapester
„Jeschurun" (21. December 1882), Oberrabiner Dr. Jacobi
schickt einen Brief in den „Pozor" von Agram (21. December
1882), Bezirksrabbi Dr. Bloch tritt mit grossem Eifer in der
„Wiener Allg. Ztg." (22. December) auf und Prediger Dr. Adolph
Jellinek veröffentlicht in der Wiener „Extrapost" (25. December 1882) ein magistrales Glaubensbekenntniss über die Beziehungen von Juden zu Nichtjuden; D Löwy endlich schreibt eine
ganze Broschüre über meinen „Talmudjuden in des Schwurge-
richtsverhandlung vom 28. October 1882." (Verlag D. Löwy
in Wien.)

Ich bedauere, von diesen vielseitigen neuesten Anstrengun-
gen des Rabbinismus unseren lieben jüdischen Mitbürgern erklären
zu müssen, dass ihnen nichts damit genützt, wohl aber sehr

Geschichte ist die schauerliche Sache eine mündliche Geheimlehre, die oft
befolgt worden ist (s. Civiltà Cattolica 1881 f. — mehrere Artikel). Ich kann
auch dies auf Verlangen amtseidlich erhärten.

viel geschadet worden ist; denn diese neuesten Leistungen haben wie ich im Folgenden zeigen will, meine bekannten Kundgebungen nur bestätigt und bekräftigt, so dass ich leider ausser Stande bin, auch nur ein Yota zurückzunehmen. Man vernehme also, was die Herren Rabbiner und Doctoren Israel's zu sagen wussten, und man urtheile selbst, ob sie nicht nach der Anweisung des Talmud gehandelt haben, den Gegner durch Betrug zu vernichten. (Baba Kamma 113.)

Zunächst ist es jedenfalls eigenthümlich, dass die geehrten Herren sich nicht veranlasst sahen, die ruhige Sprache der Wahrheit zu führen, sondern mit vielen und groben Schimpfworten um sich werfen. Sie finden in mir nur „Unwissenheit", „Verleumdung", „Lüge", „eine verruchte nichtswürdige Schurkenseele", „den leibhaftigen Satan in Menschengestalt, welcher im Dienst der Hölle zum Fluch der Menschheit seine Fallstricke legt", „den Beelzebub, den der Allgütige unverrichteter Sache in's Fegefeuer (sic!) zurückschleudern möge", „eine Giftpflanze, die baldigst auszujäten sei" u. s. w.

Ferner muss es befremden, dass mir Rabbi Bloch insbesondere (offenbar im Bewusstsein der Schwäche seiner eigentlichen Sache) einen langen Text liest, weil ich seine Ansicht über die Urheber der Abendländischen Kirchenspaltung des 16. Jahrhunderts nicht theilen kann, sondern in dieser die Juden gar nicht berührenden Frage einen Standpunkt vertrete, der sich aus katholischen Werken wie Janssen's Geschichte des deutschen Volkes und aus Schriften auch akatholischer Forscher wie Paul de Lagarde's, Döllinger's (drei Bände über die Reformation), de Wette's (Luther's Briefe) u. A. begründen lässt. Die Juden sollten indess auf die Controversen der verschiedenen christlichen Confessionen um so weniger hinzeigen, als gerade sie ja für die gegenseitige Entfremdung der Christen sehr eifrig thätig sind und waren. Ich erinnere in dieser Beziehung nur an die allbekannten und deshalb leicht von allen zu beurtheilenden Musikjuden Meyerbeer und Genossen. „Durch die in der ganzen Welt auf- und abgespielten „Hugenotten" erinnerte der Jude Meyerbeer," wie die Berliner akatholische Ostendzeitung am 7. Juli 1882 schrieb, „an den alten unglückseligen Streit zwischen der katholischen und protestantischen Kirche und fachte somit in schlauer Weise den Hass gegen die Katholiken an; die Frechheit, wider alle geschichtliche Wahrheit katholische Priester auf dem Theater zum Morde der Protestanten auffordern zu lassen, konnte nur in dem Gehirn eines rachsüchtigen Juden entspringen. In seinem „Robert der Teufel" hatte Meyerbeer Nonnen tanzen lassen, in den „Hugenotten" hetzte er die Christen gegeneinander. Dabei verhöhnte er in manchfacher Weise, namentlich durch die Prozession, die Gebräuche der katholischen Kirche. In der grossen Masse der Halbgebildeten haben Meyerbeer's Opern und namentlich die „Hugenotten" den Hass und die Missachtung gegen die katholische Kirche denn auch neu geweckt und wesentlich erhöht. Die Erinnerung an die Bartholomäusnacht war dem Katholicismus gegenüber eine wahre Frevelthat. Aber wie viel Ruhm und Geld hat diese Judenmusik, deren Absicht die wenigsten Menschen durchschauten, der ganzen Cohorte jüdischer Schwindler eingetragen! Die Tendenz des Opernlibrettos von Meyerbeer ist die gleiche bei dem Juden Halevy. Halevy's „Jüdin" hat wesentlich dazu beigetragen, die Juden in Europa einzulieben. Wie schön sind selbe darin dargestellt und wie verächtlich ist der Cardinal gezeichnet! Halevy's „Ahasver" hat die gleiche Tendenz: er macht das Judenthum interessant und die Christen schlecht. So geht es mit allen seinen Machwerken u. s. w." — Möge dieses Urtheil der Berliner Protestanten den Juden klar machen, dass die christlichen Confessionen sich bewusst werden, dass der Sieg über den Talmudismus zugleich den Sieg über die uns Christen national wie religiös verhetzenden und zersetzenden Elemente bedeutet. Selbst aus den tiefer liegenden Gebieten der Wissenschaft lässt sich dieser Punkt durch Beispiele erläutern. Oder überwinden wir nicht durch den Sieg über den Talmudismus jene falsche Lehre von der Unfreiheit des Willens, der im Rabbinismus durch die bekannte Anschauung von der „bösen Natur" (dem jäcer hara) das Wort geredet wird? Selbst Delitzsch, mit dem sich Bloch so sympathisch fühlte, huldigt diesem Irrthum des Judaismus (Commentar zu Koh. 8, 29, S. 329). Aber gerade diese Angelegenheit gehört zu den Hoffnungsgründen für die Wiedervereinigung der getrennten Christen durch die Ueberwindung des Talmudismus. Denn die Strafgesetzbücher aller europäischen Staaten beweisen, dass die aufgeklärten, gebildeten Stände unter Protestanten wie Katholiken der judaistischen „bösen Natur" in der weit überwiegenden Mehrzahl bereits fremd sind; denn in Preussen, Schweden, Dänemark, England und auderen protestantischen Staaten gilt ebensowohl wie in Oesterreich und den übrigen katholischen Reichen der Rechtsgrundsatz, dass jede Gesetzesübertretung bestraft wird, mag der Uebelthäter auch noch so stark versichern, die böse Natur sei ihm unwiderstehlich, die Versuchung unüberwindlich gewesen.

Nach diesen durch Rabbi Bloch veranlassten Vorbemerkungen wenden wir uns zu den eigentlich talmudisch-rabbinischen

Auslassungen der geehrten Herren Gegner. Unwahr ist hier zunächst die Bloch'sche Behauptung zu nennen, dass mein „Talmudjude" ein Volksbuch vom Jahre 1602 für den Talmud hielt oder als rabbinische Quelle citirte. Deutlich wird vielmehr im „Talmudjuden" S. 44 (nicht 42) das Buch eines Krakauer Rabbi als solches, nach seinem wirklichen Titel „Megalleh amukkoth" angeführt, weil für den talmudischen Standpunkt und sein Fortleben auch das rabbinische Schritthum wichtig ist; als Talmud oder Talmudquelle habe ich es nie bezeichnet. — Dass S. 75 von einem Rabbi Elias und nicht von dem Propheten die Rede ist, habe ich gegen Delitzsch (3. Aufl., S. 59) aus dem Context und dem kritischen Sachverhalt nachgewiesen, und ich bin darin mit Celebritäten, wie Drach, Edzard und Anderen in voller Uebereinstimmung; aber freilich wird es dem Juden schwer, eine Celebrität als solche anzuerkennen, wenn selbige nicht Judengenossin ist; begeifert „Jeschurun" (Nr. 35) doch selbst den gelehrten Wagenseil und ist es ja dem Juden an und für sich verboten, die Tugend oder Gelehrsamkeit eines Christen (Akum) zu loben, es sei denn, dass er es thut in der Gesinnung, mit der man auch die Schönheit und physische Kraft eines Thieres anerkennt, dem ja der Akum gleich ist (Jore deah § 151, 14, cf. Talm. Aboda zara 20 und Orach chajim § 225, 10), oder dass er es thut aus Furcht, des Friedens wegen, damit die Christen glauben, die Juden seien ihnen gute Freunde (Jore deah § 151, 12, cf. Gittin 61). — Dass der „Talmudjude" S. 49 einen Raben in einen Rabbi verwandelte, ist irrig; vielmehr hat sich der Rabbi selbst in eine Rabin verwandelt, weil das dort Erzählte eben eine Fiction des Rabbi war. — Wenn ich S. 60 meldete, der Talmud nenne das Wort eines Rabbi, listig zu sein in der Furcht Gottes, eine Perle, so erinnert Bloch mit Delitzsch, das Wort margela bedeute nicht Perle; nun, selbst Rabbi Dr. Levy bemerkt in seinem Lexikon sub voce, das Wort bezeichne „Perle", wenn auch meistens „Edelsteine": wollen wir also den Edelstein, auch gut, aber die Sache ändert sich dadurch ja nicht.

Dass Aboda zara Götzendienst heisst und identisch mit abodath elilim ist, sollte Bloch nicht bestreiten, da ich zu meiner Rechtfertigung selbst seine Freunde anführen kann, nämlich Ewald (Ferd. Christian Aboda z. p. XXV.) und Delitzsch (im Anti-Rohling S. 20); ebenso lehrt Buxtorf (lex. talm. p. 1565.)

Nachdrücklich bestreiten Bloch und Genossen, dass das Christenthum dem Talmud Götzendienst sei. Wir müssen etwas länger bei diesem Punkt verweilen. Dass Bloch Unrecht hat, bezeugt zunächst selbst D e l i t z s c h, der l. c. schreibt, dass „allerdings der Talmud den christlichen Cultus unter den Gattungsbegriff Aboda zara (was Delitzsch in der weitern Deduction deutlich als Götzendienst nimmt) begreift." Dies genügt schon. Jeder götzendienstnerische Cult (Astralcult, Baumcult, Schlangencult, Katzenanbetung, Menschenanbetung) gehört offen bar unter den „Gattungsbegriff" Götzendienst, ist in dem Gattungsbegriff eine Species; indem also selbst der von Israel als grosser Talmudist anerkannte D e l i t z s c h bezeugt, das Christenthum gehöre nach dem Talmud unter den Gattungsbegriff Götzendienst, so ist es offenbar wirklicher Götzendienst nach talmudischer Idee, ist eine besondere Species Götzendienst neben den anderen Arten geschichtlich bekannter Idololatrie.

Aus dem Werke des katholischen Gelehrten M o l i t o r über die Philosophie der Geschichte will mich B l o c h belehren, dass der Glaube an die Dreieinigkeit im Judaismus nicht als Götzendienst gelte und folglich auch das Christenthum nicht. Die Sache liegt etwas anders. Ich bestreite nämlich das „folglich". Die Talmudisten haben wie die Kabbalisten verschiedene Aussprüche hinterlassen, dass die alte jüdische Tradition die Trinitätslehre in der That für eine Lehre der Offenbarung hielt, die bereits im A. T. mehrfach angedeutet ist. So spricht Ps. 2, Ps. 110, Is. 2 und öfters, Dan. 7. unleugbar von mehreren Personen in der Gottheit; der Messias ist den Propheten Gottes wirklicher Sohn, der eine Menschennatur in seine persönliche Einheit aufnimmt. Die Rabbiner vor dem 11. Jahrh. n. Ch. bekannten stets nur Einen Messias, den sie in seinem leidenden Zustande nach dem Vorbilde des egyptischen Joseph „Sohn Joseph's" und in seinem siegreichen Status „Sohn David's" nannten, in beiden Beziehungen aber als Sohn Gottes anerkannten. Man sieht dies im Talmud, wo Succa 52 a die Gottheit des Messias als des „Sohnes Joseph's" anerkannt wird, indem man diesen dort die Worte Zach. 12, 10 sprechen lässt, die der biblische Text bei Zacharias in den Mund Jehova's legt. Ebenso lehrt hier der Talmud, dass Gott zu dem „Messias Sohn David's" die Worte des zweiten Psalmes „ego hodie genui te" sprach und zugleich zu dem „Messias Sohn Joseph's" sagte: Dein Vater David hat geweissagt in Bezug auf Dein Leben. Der Talmud deutet auch (Megilla 3 a) auf eine Stelle hin, die sich auszugsweise aus dem verlorenen Targum Jonathan ben Uziel's zu den Hagiographen erhalten hat. Es heisst in diesem Ueberbleibsel über die Worte: Jehova sprach zu mir: Du bist mein Sohn, ganz trinitarisch also: „Diese Beiden, Vater und Sohn, sind Drei in Verbindung mit einer dritten

Person. und diese Drei sind nur Eine Wesenheit, eine Substanz, Ein Gott". In demselben Targum, wovon ein altes Exemplar nach der Vertreibung der Juden aus Neapel in die Hände des Orientalisten Galatin fiel, standen über Is. 6, 3 die Worte: „Heilig ist der Vater, heilig der Sohn, heilig der hl. Geist". Raymund Martin, Galatin und Voisin theilen mehrere trinitarische · Stellen aus dem dem Christenthum sehr nahe gekommenen Rabbi Moses praedicator (haddarschan) mit. Galatin, Kircher im Oedipus Aegyptiacus und Rabbi Jos. Sal. del Midego kannten ein Werk des Jehuda, der die Mischna zusammenstellte, unter dem Titel gale razaija (revelator mysteriorum), von dem auch Wagenseil (tela ignea 222) ein Exemplar besass (es soll nach Leipzig gekommen sein), darin findet sich die Stelle: „In diesem Wort (dem Tetragramm Jehova) ist der Name der 12 Buchstaben, die die Worte Vater, Sohn und heiliger Geist ausmachen, und wisse, dass dies ein Geheimniss des Allerhöchsten ist." Drach kannte ein Manuscript dieses Werkes, worin der 42 Buchstaben Erwähnung geschah, mit welchen der Hohepriester segnete, und wo gesagt wurde, diese Buchstaben seien die Worte: ab elohim, ben elohim, ruach hakkodesch elohim scheloscha beechad echad bescheloschah. d. h. der Vater ist Gott, der Sohn ist Gott, der heilige Geist ist Gott, Drei in Einem, Eins in Drei! Andere Stellen dieser Art habe ich in meinem Commentar zu den Sprüchen Salomo's mitgetheilt, welchen ich Sr. k. k. Hoheit dem durchlauchtigsten Kronprinzen Rudolph widmen zu dürfen die Ehre hatte. Es gehört dahin auch die von Molitor genannte Lehre der Juden, dass man, ohne Götzendiener zu sein, bei der Gottheit noch eine Verbindung (Schittuf) annehmen dürfe: es ist eben die Verbindung der drei Personen in Einem Wesen oder der drei Seinsweisen des Einen Gotteswesens.

So löblich es nun ist, dass Bezirksrabbiner Dr. Bloch mit Wohlgefallen der genuinen Traditionen seines Volkes gedenkt, so tadelnswerth ist es, dass er diesen Punkt für die unwahre Behauptung ausnützt, das Christenthum gelte dem Talmudismus nicht als Götzendienst. Als Götzendiener gelten wir, nämlich nicht in Rücksicht auf die Trinitätslehre, sondern weil wir Jesum als Gottmenschen anbeten, in ihm jene in die persönliche Einheit mit Gott aufgenommene Menschennatur erblicken, welche nach biblischer und altjüdischer Lehre dem Messias eigenthümlich ist. Man kann daher nicht leugnen, dass sich Bloch eines unstatthaften Winkelzuges, einer verbotenen Kunstdeutung bedient hat. Es ist dieselbe Geschichte, wie wenn die Rabbiner (schon in den Tosephot zu Aboda zara) uns von den

anderen Götzendienern unterscheiden und sagen, wir seien keine
Götzendiener, nämlich wie die andern, welche Sterne, Bäume,
Schlangen u. s. w. verehren. Indem ich aber der Sternanbeter gedenke, darf ich nicht
übergehen, dass die Juden uns durch ein dafür übliches Wort
als Götzendiener zu bezeichnen pflegen. Das Wort heisst Akum
(aòbdè Kochabim umazzaloth, Anbeter der Sterne und Pla-
neten), und sie bedienen sich desselben als einer Geheimbe-
zeichnung der Christen, worin es dann heisst: aòbdè Christus
u Mirjam, Verehrer Christi und Mariens. Diese Bezeichnung
ist die herrschende für uns Christen im Schulchan aruch (d.
h. gedeckter Tisch), welcher das theologische Handbuch bildet,
das habituell von den Rabbinern consultirt wird. Die Ent-
stehung dieses für uns sehr wichtigen Werkes ist folgende:
Rabbi Jakob nämlich, dritter Sohn des im 14. Jahrhundert n.
Chr. blühenden berühmten Rabbi Ascher, verfasste für die
leichtere Verwerthung des Talmud für die Praxis eine theologische Summa des Talmud unter dem Titel arba turim (d. h.
vier Reihen), in vier Theilen mit Paragraphen und Nummern.
Der erste Theil heisst orach chajim, Weg des Lebens, der
zweite Jore deah (d. h. er lehrt die Wissenschaft), der dritte
eben haezer, Stein der Hilfe, der vierte Choschen hammisch
pat, d. h. Brustbild der Gerechtigkeit Dieses Werk (4 voll.
Fol.) wurde im 16. Jahrhundert von Rabbi Karo commentirt
und dann dieser Commentar in einem Abriss von ihm zusam-
mengefasst, der grossentheils den Text der vier turim Jakob's
adoptirt. In Karo's Abriss schaltete der Krakauer Rabbi Isarles
1576 seine Bemerkungen ein, und so bildet derselbe, mit noch
anderen Commentationen und Anhängseln ausgestattet, als
Schulchan aruch den Talmud in der Praxis, das Handbuch
der Rabbinate, das für alle Juden geltende Gesetzbuch, wofür
Rabbi Schreiber aus Krakau jüngst gar vom Cultusministerium
die staatliche Approbation erlangen wollte — wir werden
sehen, wie begründet die Abweisung war, welche die
hohe Behörde ihm zu Theil werden liess.
 Im Schulchan aruch ist das übliche Wort für die Christen
Akum. Ein im Rabbinismus sehr versirter Gelehrter, über den ich
anderswo eingehend berichten werde, gibt folgende schlagende
Beweise für die Identität von Christ und Akum. Zunächst ist
Orach ch. § 114, 8 gesagt, dass ein Jude das Haupt nicht
verneigen solle, wenn ein Akum mit einem Kreuze ihm be-
gegne. Ferner sagen die Verfasser des Schulchan wiederholt,
dass sie sich in ihrem Werke nur mit Dingen der Gegenwart
oder Zukunft, nicht der Vergangenheit befassen; wären also

mit Akum Sternanbeter gemeint, dann hätten die Ausdrücke „heutzutage" „in unseren Gegenden" gar keinen Sinn, weil es eben vor 300 Jahren in Krakau keine Sternanbeter gab; ebenso sinnlos wären solche Ausdrücke natürlich in den auch jetzt noch fortwährend neugedruckten und gebrauchten Ausgaben. Drittens: wären mit Akum Sterndiener gemeint, so würde es ja in dem usuellen Gesetzbuch an Vorschriften in Beziehung auf die Christen fehlen. Aber warum handeln sie denn nach den Gesetzen über die Akum gegenüber den Christen, wenn diese nicht die Akum sein sollten, wie z. B.: dass sie kein von Christen geschlachtetes Fleisch essen u. s. w. Viertens: den Rabbinaten werden in Preussen, Oesterreich und allenthalben von den Juden Fälle zur Begutachtung oder Entscheidung vorgelegt, in denen es sich nur um jetzt lebende Juden und jetzt lebende Christen handelt. Die Rabbiner begründen ihre Entscheidungen mit Sätzen aus dem Schulchan, dessen Commentaren und anderen Anhängseln (wie Schaloth Uteschuboth), in denen allen von den Nichtjuden fast immer Akum (seltener nochri, d. h. Fremder oder goj Heide) gebraucht wird. Es ist also sonnenklar, dass Akum die Christen bedeutet und Dr. Wagenseil war ganz im Recht, da er in der Widerlegung Rabbi Lipmann's (p. 120) schrieb, Akum bezeichne, wie er von einem Juden gehört habe, die Christen.

Aus diesen wichtigen Enthüllungen ergibt sich offenbar wiederum, dass die Behandlung der Christen und der Götzendiener im Judaismus ganz dieselbe ist, dass somit das Cultusministerium unmöglich ein Gesetzbuch approbiren konnte, welches die inhumanen Vorschriften gegen die Heiden auch auf uns ausdehnt. Wir haben von diesen Vorschriften im Vorangehenden schon manche kennen gelernt und andere werde ich gleich im Folgenden angeben, wie es die Antwort auf die einzelnen Anklagen meiner Gegner mit sich bringen wird.

Es ergibt sich zunächst in Bezug auf Bloch aus dem über Götzendienst Gesagten, dass er mit Unrecht schreibt, seine Behauptung über Götzendienst beweise etwas gegen meine Citate von der jüdischen Betitelung der Nichtjuden als Hunde, Esel, Schweine, Viehsame u. dgl. Er sagte, diese Titel wären nicht für die Christen, weil die Christen dem Judaismus keine Götzendiener seien. Wir sahen, dass die Prämisse falsch ist, folglich ist auch der Schluss falsch. Bloch fügt bei, nicht einmal die wirklichen Götzendiener hiessen im Talmud Hunde u. s. w. Sonderbar, dass „Jeschurun" S. 286 offenbar zugibt, dass Heiden und Hunde Megilla 7 b gleichstehen; nur meint er, dass jedenfalls die Christen unter den Hunden nicht ein-

begriffen seien, weil es zur Zeit Rabbi Jehuda's (um 150 n.
Chr.) noch keinen christlichen Staat gab! Als ob die Christen
den Juden vor der Gründung des christlichen „Staates" minder
verhasst gewesen wären denn später! Man lese doch die
Apostelgeschichte! Herr D. Löwy (S. 7) möchte mit Delitzsch
(l. c. 39) beweisen, es werde Megilla 7 blos die Bereitung von
Viehfutter an dem Festtag verboten. Als ob die Juden für
„Hunde" je besonders Futter „gekocht" oder „gebacken"
hätten. Solches wurde erst jüngst von der Fürstin Dolgoruki
aus Paris gemeldet, die eine Köchin für ihre Hunde halten
soll; aber die anderen Leute, besonders die Orientalen, kennen
so etwas nicht, da laufen die Hunde, wie noch heute zu Jerusalem, in den Strassen herum und suchen, was sie finden.
Ferner behauptet Löwy, im Talmudtexte stände, dass Israel
selbst keine Speisopfer für den Altar am Festtag bereiten
solle: kein Wort steht davon im Text, und die Archäologie
lehrt, dass auch am Fest die Opfer zubereitet und dargebracht
wurden. Der Schulchan setzt nun aber einen Trumpf auf die
Sache, indem er die Akum noch unter die Hunde stellt; denn
er lehrt, der Jude könne an Festtagen auch etwas mehr Speise
in den Topf legen, als er gerade für sich nöthig habe, wenn
das Zugelegte auch für die Hunde sei, wohingegen für einen
Akum nichts zugelegt werden dürfe, weil man nicht verpflichtet
sei, den Akum leben zu lassen (Orach ch. § 512, 3 und 1,
Haga cf. Beza 21). Nach Raschi kann man auch einem Hund
ein Stück Fleisch zuwerfen, aber keinem nochri, weil ein Hund
besser ist als ein nochri (zu 5 Mos. 14, 21.)

Oberrabbi Dr. Jacobi erlaubt sich zu meiner Bemerkung über Megilla 7 b) den „Pfiff", er könne die Stelle
nicht finden, weil Megilla keine 76 Seiten habe; einige Blätter
hatten nämlich den Buchstaben b zu der Zahl sechs verdruckt,
wie andere Berachoth 25 zu 112 und Jebam. 94 b Tos. zu
946, während mein Manuscript, mein „Talmudjude" und mehrere
sonstige Blätter richtig setzten. Bezirksrabbi Bloch erlaubte
sich einen gleichen Pfiff, indem er sagte, in dem Process Seb.
Brunner contra Kuranda, 1860, habe ein amtliches Zeugniss
aus Lyon gemeldet, dass es einen Rabbi Fabius in ganz
Frankreich nicht gab: ich zog sofort Erkundigungen ein und
erhielt das Resultat, dass Fabius, welcher die im „Talmudjuden" gemeldete Schandpredigt auf das Christenthum hielt,
freilich kein Rabbi, aber ein jüdischer Prediger war, der im
Auftrag des Rabbinates jenen Sermon in der Synagoge zu
Lyon hielt und dann auch drucken liess. Der Titel der Schrift
mit Verleger und Datum heisst nämlich: Offrande au Dieu

de l'Univers. Par Auguste Fabius. Lyon. Imprimerie de Marle ainé. Rue St. Dominique 13, 1842; da haben Sie also das Büchlein selbst als vollgiltigen Beweis, es meldet die Abhaltung der Predigt in der Synagoge von Lyon, theilt die Predigt mit und bezeichnet den Juden August Fabius als Autor. Um die speciellen „Pfiffigkeiten" gleich beisammen abzumachen, bemerke ich hier auch, dass alle Autoren, die gegen mich schrieben, behaupteten, Sieger zu sein, und — also den Ehrenpreis von 1000 Thaler gewonnen zu haben. Aber die Herren haben unterlassen, mir das Urtheil der morgenländischen Gesellschaft zu bringen, an welches ich die Zahlung geknüpft hatte. B l o c h, der „Ungarische Israelit" und Andere wollen nun gar, dass ich für 3000 Gulden ein Examen vor einem Rabbi bestehen soll, ehe ich über den Talmud mehr reden dürfe. Ich meine, dass ich in dem Examen, welches ich fortwährend ablege, so oft ich über den Talmudismus schreibe, bislang anerkannter Weise Sieger bin; denn die competente Jury, die ich einsetzte, hat mich ja nie verurtheilt. Was bedarf es also noch einer neuen Commission, in der auch ein Rabbi votirt? Noch nie gab mir bislang ein Rabbi oder Judengenosse Recht; Wahnsinn, zu erwarten, dass mir in Zukunft von dieser Seite Recht zuerkannt würde. Hier gilt also lediglich die Macht der inneren Gründe, das über rabbinische Desiderien erhabene amtliche Urtheil der Berufenen, zu denen durch den Willen Sr. Majestät des Kaisers auch ich gehöre, und die öffentliche Stimme des grossen urtheilsfähigen Publicums, das, wenn die Zeit gekommen sein wird, nach Allem, was bereits vorliegt, die gesetzgeberische Arbeit in den Parlamenten in Augriff nehmen kann. Eine weitere „Pfiffigkeit" erlaubt sich „Jeschurun" durch die Behauptung, mein „Talmudjude" bringe, wie Zola's frivole „Nana", ungeheueres Geld ein und deshalb kehre ich mich nicht an die zahlreich erschienenen sogenannten Widerlegungen in Broschüren und Zeitungen. Ich kann dagegen mittheilen, dass ich durch den „Talmudjuden" und die daran sich knüpfende Schriftstellerei weder zeitliche Vortheile suchte, noch erlangte, vielmehr öfters nur Nachtheile hatte, manchen Zeitverlust, selbst zwei Mal in einem Lande, das ich nicht nennen will, den Verlust einer ordentlichen Universitätsprofessur wegen des „Talmudjuden" zu beklagen hatte, weil der betreffende Minister unter dem Commando der Juden stand: man sagte mir, man könne die Wahrheit meiner Sache nicht bestreiten, aber mein Auftreten sei inopportun. So weit kann es kommen in christlichen Landen wegen — des Geldes der Juden! Was

mich bewegt, gegen den Talmudismus zu kämpfen, sind drei
Stücke: 1. die Intention, die geknechtete Christenheit durch
die Anbahnung gesetzlicher Massregeln zu befreien und zu
schützen; 2. Jene (in der Minderzahl befindlichen) Juden, welche
das Naturgesetz des Herzens höher stellen als den Talmudismus, zu überzeugen, dass die jüdische Religion seit Jesu
Tod nicht mehr die wahre ist; 3. alle Juden, auch die im
Talmudismus zur Zeit sich verstockende Mehrheit, vor den
Ausschreitungen des antichristlichen Nihilismus zu bewahren,
denn sie sind Menschen und müssen daher durch Anbahnung
gesetzlicher Regelung der Judenfrage aus Nächstenliebe wider
den Socialismus in Schutz genommen werden.

Kehren wir nach dieser Episode zu Rabbi B l o c h zurück.
Er will mich auch aus dem Neuen Testament belehren, dass
ich den Talmud nicht schmähen darf wegen Megilla 7. Und
wieso? Jesus, sagt Bloch mit Delitzsch, habe der Cananiteriu
bemerkt, man nehme das Brot nicht den Kindern, um es den
Hunden zu geben, und doch habe kein jüdischer Theologe
deshalb Jesum getadelt. Indirect ist hiemit zugegeben, dass
ich Megilla 7 richtig vorgelegt habe. Auch Delitzsch (l. c. 30)
räumt ein, dass „die Nichtjuden in Stimmungsworten, wo der
Affect mitredet, im Talmud Hunde heissen." Diese „Stimmungs-
worte" sind in der That ein hübsches Wort von D e l i t z s c h.
D e l i t z s c h aber, der wie B l o c h auf Matth. 15, 26. hinzeigt,
vergass, dass der Heiland zu dem Weibe sagte, man gebe
das Brod nicht den „Hündchen." Jesus deutet durch diese
mildernde Diminutivform auf die bereits damals bei den Pharisäern übliche Benennung der Nichtjuden als Hunde hin, woran
er lächelnd durch den scherzenden Gebrauch des Wortes
„Hündlein" erinnern wollte, um solch' eine miserable Brutalität
der „Schlangenbrut", wie er die Pharisäer ja nannte, zu brand-
marken; und von diesen Pharisäern bemerkt der Jude Dr.
W e s s e l y in seinem „Leitfaden beim Religionsunterricht der
israelitischen Jugend" (Prag, bei P a s c h e l e s 1876, S. 160):
„sie bildeten und bilden noch heutzutage den Kern des Judenthums". Zwei andere Stellen. welche B l o c h aus dem N. T.
anführt, haben mit Megilla 7 nichts zu thun. Petrus nennt
nämlich jene Sünder, welche immer wieder in grosse Schand-
thaten zurückfallen. Hunde, die ihr Vomirtes wieder fressen,
und Christus sagt, dass man frivolen Menschen die zarten
Lehren des Heiligen nicht vortrage, denn dies heisse, die
Perlen vor die Schweine werfen. Wie gross der Unterschied
zwischen solchen Aeusserungen und der talmudischen Manier
ist, einfach alle Nichtjuden als Hunde zu bezeichnen, springt

in die Augen. Ebenso ist es, wenn B l o c h behauptet, Ezechiel
bezeichne die Nichtjuden als „Viehsame". Aber Ez. 34, 31.
heisst es von Israel: Ihr seid Menschen, Ich bin Euer Gott
— was sagen will, dass die Erfüllung der grossen messianischen
Verheissungen, welche im Vorangehenden mitgetheilt wurden,
nicht durch die schwache Menschenkraft Israels, sondern nur
durch Israel's Gott, durch die Allmacht, möglich sei. Es will
nicht gesagt sein, die Israeliten seien Menschen und die Nichtjuden „Viehsame" (Jebamoth l. c.) oder Thiere. Selbst D e -
l i t z s c h gibt zu (l. c. 55), dass die traditionelle (d. h. talmudische) Gesetzesauslegung aus Ez. 34 (unberechtigte) Schlüsse
zog, wodurch die Nichtjuden mit dem Vieh auf eine Stufe zu
stehen kommen, und dass der Satz in Jebamoth über die
„Fremden" als „Viehsame" unleidlich sei und bleibe (dies zugleich gegen J a c o b i, der den Satz wieder nicht finden konnte,
und gegen „Jeschurun", der Jeb. 946 las!)

L ö w y bemüht sich (S. 8 f.), die Bezeichnung der Nichtjuden als Esel (Ber. 25) in Abrede zu stellen. Aber er gestattet sich eine falsche Wiedergabe der talmudischen Stelle.
In Wirklichkeit heisst es dort (Ber. 25), dass der Jude das
Gebet „Höre Israel, der Ewige ist einzig", nicht in Gegenwart
eines Goj sprechen solle, weil dieser in sich ein obscöner Gegenstand ist, obgleich einige Kinder Noe's (Japhet und Sem)
durch die Bedeckung des Vaters Beweise von Schamhaftigkeit
gaben. Hiemit stimmt, dass die Juden auch das Kadisch-Gebet
nur dort beten dürfen, wo kein Akum oder Koth sie von einander
trennt (Orach ch. § 55. 20, c. f. Pesach 85 Tos.). Desgleichen,
dass der Schulchan die Ehen der Christen ein Zusammenleben
von P f e r d e n nennt (Jore deah § 269, 1, c. f. Talm. Jebam 22),
sowie, dass die Akum nicht Menschen, sondern Thiere sind
(Jore deah § 372, 2, c. f. Jebam. 61), sowie, dass der Jude,
wenn ihm ein Akum als Knecht oder Magd stirbt, von dem
Mitjuden kein Beileid über den Tod eines Menschen empfangen
soll, sondern man soll ihm sagen: Gott ersetze Dir den Schaden,
wie man es sagt, wenn Jemandem ein Ochs oder Esel crepirt
ist (Jore deah § 377, 1. cf. Berach 16).

Oberrabbi Dr. J a c o b i sagt, dass er das Prager Gebetbuch Machsor nicht kennt, wo wir Christen „Edom, das Schwein"
genannt werden. Dieses Sagen ist wieder ein „Pfiff", denn
der Machsor (d. h. Kreislauf, Jahreslauf, dann das die für
die grossen Feste des Jahreskreises üblichen Gebete enthal-
tende Buch) ist ein in der ganzen Judenheit bekanntes, überall
gebräuchliches Gebetbuch, dessen meist rhytmisch abgefasste
Gebete an den drei grossen Festen in Verwendung kommen.

Es existirt in sehr vielen Ausgaben in Drucken wie von Venedig, Krakau, Prag u. s. w. Wenn ich das Prager Buch nannte, so wusste Jacobi recht gut, was gemeint ist, und sein Dummthun erscheint nur als ein Zeichen sehr eigenthümlicher „bona fides". Buxtorf in seiner bibliotheca rabbinica p. 119 f. bemerkt, dass der Venediger Druck viele gegen die Christen und das (christlich-) römische Reich gerichtete Stellen ausliess, welche in den meisten übrigen Ausgaben zu lesen sind; er selbst hatte ein Exemplar, in welchem die Juden die christenfeindlichen Stellen am Rande aufgezeichnet hatten. Der Prager Machsor 39 a nennt die Christen auch Esel Ber. 25. Bloch, dessen ich mich hier wieder durch Löwy (wegen Ber. 25) erinnere, will glauben machen, dass die Christen als Kinder Noe's im Talmud mit Ehren behandelt wurden, weil sie im Tractat Sanhedrin hohepriesterlich genannt werden, wenn sie die Tora studiren; indess er vergass die Erklärung in den Tosephot zu Aboda Z. 3 a, wonach die Kinder Noe's die Tora der sieben Gebote Noe's studiren müssen, aber des Todes schuldig sind, wenn sie die Gebote Moses' studiren; da wir Christen nun die Gebote Moses' studiren und halten müssen, so sind wir nicht in Ehren, sondern des Todes schuldig (c. f. Sanh. 59 a).

Hiernach begreift sich auch, was es auf sich hat, wenn Bloch nicht finden kann, dass Rabbi Albo (Ikkarin III, 25) erklärt, Leben und Eigenthum der Nichtjuden sei in der Hand der Juden. Jacobi dagegen gibt zu, Albo lehre dies freilich, aber gegen die, welche die Grundsätze der Sittlichkeit verwerfen; „Jeschurun" bezeugt ebenfalls, dass Albo die Stelle (gufo muthar etc.) hat, aber wieder blos gegen die Götzendiener spreche und für die Dauer des Krieges, der jede Spur der Heiden, wodurch selbst ein Salomo verführt worden sei, vertilgen müsse. Als ob Israel die „Grundsätze der Sittlichkeit" ausserhalb des „biblisch-talmudischen" Religionsbegriffes finde. Erklärt doch selbst Jellinek l. c., dass der Lebenswandel, damit man selig werden könne, dem „jüdischen" Moralgesetz entsprechen müsse, das er gleich in der ersten Zeile „auf Grund von Bibel und Talmud" bestimmt. Und auch Bloch räumt l. c. gar ein, dass die von Moses vorgeschriebene Nächstenliebe nach Albo gegenüber den „Fremden" gelte, sofern sie nur nicht Götzen dienen; da wir aber, wie oben gezeigt wurde, im Talmud als Götzendiener erscheinen, so gilt für uns nach Bloch, Jacobi und „Jeschurun", dass wir von der Nächstenliebe des Juden ausgenommen sind, dass unser Leben und Eigenthum verwirkt ist, zur freien Disposition

der Juden steht. Hiemit stimmt, dass das Geld des Akum herren-
loses Gut ist, so dass der Jude alles Recht hat, sich in den
Besitz desselben zu setzen: so der Schulchan (Choschen § 156,
Haga 5, cf. Baba bathra 54); damit stimmt, dass der Jude
jeden Ungläubigen, der eine Lehre Israel's leugnet, todtschlagen
darf (Choschen § 425, 5, cf. Aboda Z. 26) und einen Akum
in keinem Falle vom Tode retten soll, auch, wenn er sonst
friedlich mit ihm lebt und ihn deshalb direct zu tödten nicht
verpflichtet ist (ib. cf. Kidd. 82); damit stimmt, dass ein Ober-
rabbinat (beth. din.) auch heutzutage Todesstrafe verhängen
darf, selbst wenn das Verbrechen an sich keine Todesstrafe
verdienen würde (Choschen § 2, 1, cf. Sanh. 46).

Ein weiterer Beleg für die Harmonie und Disharmonie
der edlen Rabbis offenbart sich in der Behandlung von Gittin
57 a. „Jeschurun" findet, dass die Parallele zwischen Jesus
und Bileam keine Unehre für den Heiland sei, weil Bileam
ja für die Heiden als ein anderer Moses hingestellt werde.
Dr. Jacobi schweigt über die Stelle. Bloch behauptet, Bileam
sei kein Zauberer, sondern ein Prophet des wahren Gottes,
und Jesu hohe Tugenden würden gar l. c. anerkannt, nur werde
der Anspruch Jesu, Gottes Sohn zu sein, in allegorischer Darstellung ebendort verworfen. Wirklich schöne Proben rabbinischer Kunststücke! Dass ich nichts zurückzunehmen habe,
möge durch Delitzsch, den Judengenossen, und durch Hamburger, einen Rabbi, erhärtet werden. Delitzsch schreibt
(Christenthum und jüdische Presse, S. 18) wie folgt: „Die schauerliche Parallele zwischen Christus und Bileam findet sich Gittin 57.
Sie erklärt in Phantasiebildern. welche über das Entsetzliche
in Dante's Hölle hinausgehen, Bileam und Jesus seien gerechter-
weise Verdammte. Läge es nicht im jüdischen Interesse, jede
Erinnerung an solche Ausgeburten des finstersten Zelotismus
sorgsam zu vermeiden? Um so tiefer erschrak ich, als ich in
dem Rahmer'schen Literaturblatt (August 1881) einen Aufsatz
zu lesen bekam, welcher „Bileam und Jesus" überschrieben und
von Dr. Stier unterzeichnet ist. Ohne ein Wort des Tadels
über den Höllenpfuhl, in welchen sich die talmudische Vergleichung Jesu und Bileam's verrannt hat, wird die sich so
maskirende Kritik des Stifters der christlichen Religion als ein
nicht übel zu nehmender Act der Nothwehr dargestellt. Abgesehen davon, dass Bileam, der Traumdeuter und Zauberer, sich
schliesslich (recte: auch) der Wirkung des hl. Geistes unter-
geben musste (Num. 23. 5 ff), und dass Jesus im jüdischen
Sinne kein wirklicher und wahrer Prophet ist, muss jeder Leser
dieses Aufsatzes den Eindruck gewinnen, dass das moderne

Judenthum noch immer sich za den masslosen talmudischen Herabwürdigungen Jesu bekennt und dass es uns Christen als Bileamiten, als betrogene Anhänger eines in Selbstbetrug befangenen andern Bileam ansieht." So Delitzsch. Landrabbiner Dr. Hamburger in Strelitz schreibt (Real-Encyclopädie des Judenthums, I. 190 f.) nicht anders. "Die Prophetengabe Bileam's". sagt H., "wird im Talmud als eine vorübergehende, durch die Nothwendigkeit des Augenblickes verliehene dargestellt. Er war ein Zauberer (Kosem) und kehrte nach seinem Segen wieder zu seinem Stande zurück (s. 4. Moses, 22. 5). Seine Berufung zum Fluchen (durch Balak) war eine Folge seines Ruhmes als Zauberer. Sein Tod wird (Aboth 3, Saoh. 105) als Strafe der auf seinen Rath erfolgten Verführung der Israeliten durch die Töchter Moab's betrachtet. Das Charakteristische seines Lebens waren Missgunst, Stolz, Unsättlichkeit, doppelt im Hasse gegen Israel." So Rabbi Dr. Hamburger. Was die Erhebung Bileam's über Moses betrifft, so wird, wie selbst Hamburger l. c. zugibt, lediglich die momentan verliehene Gottesgabe in's Auge gefasst, die eine hohe Stufe einnahm und der mosaischen fast gleichkam, ja, sie theilweise überragte; sah doch Bileam in prophetischem Blick die ganze Entwicklung der Weltgeschichte, wie ich dies in meinem "Katechismus für Juden etc." (Kirchheim, Mainz 1877, S. 65 ff.) dargelegt habe. Es geht klar aus diesen Darlegungen hervor, dass sich mein Bericht über Bileam und Jesus nichts vorzuwerfen hat. Die Keckheit aber, dass Bloch gar l. c. im Talmud eine Anerkennung hoher Tugenden Jesu zu finden behauptet, übersteigt jede Erwartung; mit keinem Worte wird am a. Orte oder sonstwo im Talmud Jesus Christus gelobt, als tugendbaft u. dgl. bezeichnet; er zählt zu den poschim Israel's, d. h. zu den jüdischen Apostaten, und muss im Abgrund der Hölle im ärgsten Unrath büssen! Dieser Unrath, den man des Anstandes wegen nicht näher bezeichnen kann, ist doch wohl ein Beweis, dass der Talmud von "hohen Tugenden Jesu" nichts weiss. Ich habe noch beizufügen, dass Bloch meine Mittheilung, er spreche Jesu die Sittlichkeit ab, weil der Herr zur Aufrichtung eines weltlichen Judenreiches die Hand nicht bieten wollte, ungeniert anerkennt: nun höre ich bei diesem Anlass, dass Herr Bloch sich in Wien und nicht iu Posen befindet. Interessant ist auch, dass Bloch, wie man sieht, die Anerkennung eines jüdischen Weltreiches fordert, wenn man auf sittliche Befähigung Anspruch macht; umgekehrt meldet Jellinek am angeführten Orte, N. 5, das Judenthum lehre keine Weltherrschaft, sondern eine Gottesherrschaft. Indess, der Widerspruch löst sich wohl durch die rabbinische, von

Jellinek l. c. nicht mitgetheilte Vorstellung, dass der Jude
vom Wesen Gottes ist wie ein Sohn vom Wesen seines Vaters,
weshalb die Welt den Juden gehört wie sie Gott gehört und
natürlich auch eben darum ihre Unterwerfung unter Israel an·
gestrebt wird.

Man erkennt leicht, dass die Herren Rabbiner an den
„Edelsteinspruch" glauben dürften, man müsse alzeit listig sein
in der Furcht Gottes. Wenn ich nicht irre, gibt auch wieder
Löwy einen besonderen Beleg dafür (l. c. S. 32.) Er will
dort meine Meldung über Ben-Sira, · dem rabbinische Keckheit
und fabelnde Phantasie ein empörendes Wort an Nabuchodonosor
in den Mund legt, bestreiten und zeigt deshalb auf das biblische
Sirachbuch Cap. 8, 2 hin, woraus natürlich „kein Atom" für
eine solche empörende Aeusserung zu entnehmen ist. Aber
Löwy konnte recht gut wissen, dass ich jenes von den Rabbis
mit vielen lächerlichen und unwürdigen Fabeln und Sprüchen
ausgestattete Büchlein Sira meinte, von welchem Buxtorf l. c.
p. 51 und Wolf l. c. 1, 262 reden: aus diesem Werkchen citirte ich Fol. 8 b, nicht Cap. 8 Vers 2. Der Leser möge selbst
urtheilen, ob da nicht wieder ein „Pfiff" in Anwendung kam.
Das Gleiche gilt über Löwy's Bemerkung (l. c. S. 13 ff.)
bezüglich des Grüssens. Er meint, wie ein Christ den Juden
doch nicht grüsse mit „Gelobt sei Jesus Christus", so habe der
Jude den Goj auch nicht „im Namen Gottes" grüssen können,
weil dieser Name dem Heiden ja nicht als heilig gegolten habe.
Freilich, aber die hebräische und orientalische Weise, zu grüssen,
verlangte nicht die Beifügung des göttlichen Namens; denn
man pflegte zu sagen: Friede über dich, Heil über dich! Und
eben auch diesem Gruss will Gittin 62 a nicht einmal gestatten ;
desshalb heisst es dort, dass Rabbi Cahana Nichtjuden mit den
Worten zuvorzukommen pflegte, der Herr möge Frieden haben ;
dabei ging Cahana's Intention auf seinen Lehrer, nicht auf den
Nichtjuden wie man in den Tosephoth und Raschi's Commentar
ersehen kann. In diesem Sinne kam auch Jochanan den Nichtjuden mit dem Grusse zuvor. Indess gestattet Gittin 61 a überhaupt zu grüssen, wenn es „des Friedens wegen" geschieht,
damit man keine Unannehmlichkeit habe. Der Schulchan gibt
aber die Lehre, dass der Jude zum Akum sage: Dein Gott helfe
dir oder segne deine Arbeit, wobei er meint, der Christengott könne nichts, und also den Christen mit seinem Wunsch
nur verspottet (Jore deah §. 1, 147 Haga 5); ebenso kann der
Jude grüssen: Gott helfe dir, und denkt an den „schwachen
Christengott." In das Capitel „um des Friedens willen" etwas
zu thun, gehört auch die Lehre des Schulchan (l. c. § 151,

12 cf., Gittin 61), dass der Jude den Akum Almosen, ihren Todten das Geleite geben, den Hinterbliebenen Trost spenden könne des Friedens wegen, damit die Akum glauben, die Juden seien ihnen wohlgesinnt; vergl. auch über die Wohlgesinnung Choschen § 272, 8 f. (cf. B. mezia 32) und Andere. Wir kommen endlich zu Baba k. 113 a. Bloch sagt, dass der Betrug vor Gericht hier nicht erlaubt werde. Jacobi behauptet, die Ueberlistung des Nichtjuden werde hier als Verunehrung des göttlichen Namens bezeichnet. „Jeschurun" meldet, nach Rabbi Ismael dürfe der Jude vor Gericht durch „Klugheit" den Sieg zu gewinnen suchen, doch Akiba verwerfe jeden Winkelzug. „Jeschurun" verdient hier die Anerkennung, dass er zugibt, nach Rabbi Ismael (recte Samuel) sei doch der Betrug vor Gericht erlaubt; was er „Klugheit" nennt, bezeichnet er in der Parallele offenbar als Winkelzug, Betrug. Hiemit hätten wir eigentlich schon genug, da ja der Jude ebensowohl nach Rabbi Samuel wie nach Akiba gehen darf.

Indess genau sagt die Stelle, dass der Jude sich vor Gericht der „iqifin" (d. h. Ränke, Betrügereien, nicht blos Klug-heit) bedienen soll, wo das Gesetz ihn uugünstig ist; Rabbi Ismael führt dann von Akiba an, dass man „wegen der Entheiligung des Namens" die Ränke unterlassen solle. Ich will aber aus dem Schulchan beweisen, dass Akiba meinte, man solle die Ränke unterlassen, wenn Gefahr sei, entdeckt zu werden, wenn eine Blamage des Namens Israels, der mit Gottes Namen ja identisch ist, zu befürchten stünde. Der Schulchan lehrt nämlich, (Jore deah § 239, Haga, 1 cf. Hag. Ascher zu tr. Schebuoth), dem jüdischen Dieb sei der falsche Eid gestattet, wenn er vor dem Eide nicht vorbeikommen könne; er dürfe in diesem Falle falsch schwören, wenn er nur denke, er könne nicht anders. Drohen dem Juden Körperstrafen, so darf er auch falsch schwö-ren, selbst wenn er des Meineides möglicher Weise überführt und so „der Name" entheiligt werden könnte. Nur bei Geld-strafen ist der falsche Schwur blos dann gestattet, wenn man ausser Stande ist, den Schwörenden seines falschen Eides zu überführen (Beer haggola ib, aus Haga § 232, 14.).

Auch Delitzsch gesteht (l. c. 110 f. im Anti-Rohling), dass der Jude sich vor Gericht nach Baba k. 113 der Winkelzüge bedienen darf und dass das Anstössige in dieser Verhandlung Baba k. 113 unleugbar sei, dass zwar nach B. kam, das Staats-gesetz für den Juden auch Gesetzeskraft habe, aber für an sich erlaubt werde doch erklärt, den Heiden zu beirren oder sich seinen Irrthum zu Nutze zu machen und seine Schuldforderung zu umgehen. „Diese Rechtsbestimmungen", meint auch Delitzsch,

„stehen allerdings in unversöhnlichem Widerspruch mit der socialen Moral des modernen Staates" (besser: des Christenthums, Moses' und der gesunden Vernunft). Delitzsch fügt die gutmüthige, aber naive Erinnerung bei, „dass der Staat, nachdem er den Juden Gleichberechtigung gegeben, die dankbare Gegenleistung erwarten dürfe, dass die Juden den nationalen Unterschied fallen lassen und sich gegen uns Christen zu gleich strenger und zarter Gewissenhaftigkeit, wie gegen ihre Religionsgenossen, verpflichtet erkennen." — Eitle Hoffnung, so lange der Jude Jude bleibt; da helfen nur, soweit gegen Betrug und jegliche Unordnung überhaupt Gesetze helfen können, Aufhebung der Emancipation und detaillirte Regelung des regimen Judaeorum. Für diese Ueberzeugung kann ich zum Schluss auch das 1. c. wie von patriarchalischer Kathedra erlassene Glaubensbekenntniss Jellinek's anführen. Herr Jellinek erklärt hier lauter schöne Sachen als Israels Eigenthum; aber der Schlaumeier war doch nicht schlau genug, da er schrieb n. I., alle Menschen hätten Hoffnung auf die ewige Seligkeit, wenn sie nur das „jüdische" Moralgesetz halten, das ja nun doch im Laufe der Jahre in ganz Europa zur Geltung gekommen sei! Sehr schön! Das „jüdische Moralgesetz" ist aber (Einl.) nach Jellinek „in Bibel und Talmud" enthalten; wir wissen also, da wir den talmudischen Theil ablehnen, dass wir keine Hoffnung auf den Himmel haben. Die weiteren Consequenzen ergeben sich von selbst. Wenn Jellinek sagt, das „jüdische" Gesetz sei nun in ganz Europa zur Geltung gekommen, so ist sehr wahr, dass man auch dem Talmudismus Berechtigung gewährte; aber dafür kämpfen wir eben, dass dieser Irrthum auf gesetzlichem Wege wieder gut gemacht werde — zum Heile der Christenheit und zum Wohle auch der Juden.

Prag, im Dezember 1882.

Dr. Aug. Rohling,

o. ö. k. k. Universitätsprofessor.

Vierter Brief.

Hochgeehrter Herr!

Die Rabbis haben uns wieder einen Liebesbrief geschrieben
(„Wiener Allgemeine Zeitung", 6. Jänner 1883, mit Nachschrift
vom 10. Jänner). Die Wortfülle ist abermals sehr gross, so
dass man denken könnte, die Herren käuen nie zu Ende, auch
wenn alle Himmel, um mit dem Talmud zu reden, von Perga-
ment und alle Menschen rabbinische Schreiber und alle Bäume
Schreibfedern wären. Sieht man aber auf den Inhalt, so fällt
einem unwillkürlich ein, dass wohl der Talmud Recht haben
dürfte, da er schreibt (Ber. 6), dass sich die Teufel sonderlich
gern bei den Rabbinern finden lassen, so zwar, dass jeder Rabbi
tausend Teufel zur Linken und zehntausend zu seiner Rechten
habe. Indess der geehrte Leser selbst möge urtheilen, ob die
jüngsten Leistungen hebräischer Theologie dem Geiste der
Lüge oder der Wahrheit entstammen.

Wenn einem Rabbi etwas nicht gefällt, so fängt er an,
kühn zu leugnen und seine Behauptungen mit einem Fluche
gegen Andersdenkende zu besiegeln. So lesen wir, wie die Rabbis
in ihrer Verlegenheit, die Rechnung in den 70 Jahrwochen
Daniel's gegen Jesum anzubringen, überhaupt eine Berechnung
der Zeiten des Messias für unmöglich erklären und sagen:
„Verflucht seien Diejenigen, welche die Zeiten des Messias be-
rechnen;" „mögen ihre Knochen zerbrechen", heisst es ein
anderes Mal: „ihre Seele gehe zu Grunde", sagt Rabbi Efraim;
„die Hölle möge sie verschlingen", spricht Excellenz Abarbanel,
Lehrer in Israel und Finanzminister Spaniens; „ihr Geist möge
bersten wie ein Geschwür", rufen andere Rabbis, und der
„Adler" schreibt: „Möge ihr Herz zerspringen und ihre Berechnung vergehen". So etwas Aehnliches begegnete mir kürzlich,
da ein Sohn Israels mich besuchte und zum Abschied einen
Spruch murmelte, aus dem sich die Worte dam, deber, choschech,
maschith (Blut, Pest, Finsterniss, Vertilgung) verstehen liessen;
der Edle meinte, dass die zehn Plagen Egyptens über mich
kommen und mich vertilgen sollten. Auch Rabbi Bloch dürfte
nicht anders denken, da er in gewohnter Weise wieder nur von
Verläumdung, Ignoranz, Lüge und Fälschung zu sprechen weiss
und beifügt, dass ein „Kainsgeist" in mir wohne. „Jeschurun"
in Budapest, der mich bereits als „leibhaftigen Teufel" bezeichnete, bringt mich in einer seiner letzten Nummern mit

Sr. Excellenz dem Justizministr Pauler und Herrn v. Onody zusammen und nennt uns drei eine „Mistverbindung", mich speciell den „Meister und Mephisto des Consortiums", einen „Bösewicht, den nur der Talar noch zurückhält, um nicht auch auf anderen Gebieten einer der gefährlichsten Banditenführer zu sein." Im „Uugarischen Israelit" (Budapest, 5. Jäuner) ruft Israel um Unterschriften gegen mich für eine Petition an Se. Majestät, worin es heisst, dass die „Gefertigten es wagen, vor dem strahlenden Antlitz seiner Majestät den Namen Aug. Rohling auszusprechen" und dass die „gesammte Judenheit des ganzen Erdballs hoffnungsvoll zu Sr. Majestät aufblickt, damit Ein Federstrich, Ein Wort die Lüge schwinden, die Bosheit verstummen mache" — als ob ich allein im Stande wäre, den vielen Millionen Oesterreich-Ungarns und des ganzen Erdballs die Meinung beizubringen, die Juden hätten antisociale und antichristliche Religionslehren, wenn sie diese in Wirklichkeit nicht hätten.

Müssen schon derlei Gemüthsaffecte eine ziemlich prekäre Vorstellung von der eigentlichen Sache erwecken, welche die Rabbis zu vertheidigen haben, so wird man geradezu verblüfft, wenn man liest, was die Leute direct ad rem zu sagen haben. Rabbi Bloch ist nämlich der Ansicht, dass zwischen Judenthum und Christenthum gar kein wesentlicher Unterschied bestehe, ja dass der Heiland, wenn er auf Erden erschiene, mich und meine Gesinnungsgenossen zornentflammt von seiner Thüre weisen, die Juden aber, die nicht seinen Namen führen, als seine Bekenner und Verehrer anerkennen würde; ferner dass Petrus und Matthäus in den bereits im vorigen Schreiben von mir richtig gestellten Aussprüchen die inhumanen Ideen lehrten, welche ich mit Unrecht dem Talmud aufbürden wolle, dass sogar Paulus der Apostel ein heftiger Gegner der Lehre von der sittlichen Freiheit sei, und auch der Prophet Ezechiel t   udliche Anschauungen vertrete, welche der Talmud perhorrescire! Was will man noch mehr? Aber Bloch fand auch in der Jetztzeit Hilfe für Israel, da ihm zufolge ein „frommer Diener der katholischen Kirche", den er leider nicht nennt, auf der Kanzel von Notre-Dame zu Paris gepredigt haben soll, die jetzt lebenden Juden seien wahrhaft Gottes Volk und würden es immer sein. Schade, dass der Erzbischof von Wien nicht auch einen so „frommen" Herrn zum Prediger in St. Stephan ernennt! Es wird aber mit dem frommen Pariser wohl sein, wie mit Dr. Veith, der sich in St. Stephan gegen die Lehre von dem rituellen Morden Israels ausgesprochen haben soll. Prälat Dr. Brunner, ein langjähriger intimer Freund des verstorbenen Veith, bat bekanntlich noch jüngst (1882) im „Vaterland" erklärt, dass er den seligen Canonicus Veith ausdrücklich über diese Angelegenheit gefragt und die Antwort empfangen habe, Veith habe nie etwas Derartiges gasagt. (Vgl. „Tribüne" 10. Januar, S. 6.

Indess der Reichsrath in Wien und Pest und die sämmtlichen Landtage der Monarchie dürften sich wohl bald beeilen, die Rabbis für die Ministerstühle zu empfehlen, da Bloch uns versichert, die Juden seien vielleicht die Einzigen in Oesterreich, welche keine nationalen Sonderwünsche hätten und dem Staate überhaupt ohne jeden Hintergedanken dienten. Schade, dass Cremieux den Rabbis aus der Schule geschwätzt hat! Denn er sagte bekanntlich, dass ein neues Jerusalem erstehen müsse an Stelle der Kaiser und Päpste. (Arch. isr. 1861, S. 651.) Und wenn ich die Acten der Revolution durchblättere, auch nur von 1848, so muss die Empörungssucht gegen die Regenten und die bestehende Ordnung unter den Juden als geradezu endemisch bezeichnet werden. Wer denkt da nicht an die Pflicht der orthodoxen Juden, drei Mal täglich für den Untergang des „stolzen Reiches" der Christenheit in der Birkath hamminim, (s. unten) beten zu müssen, und an die zahlreichen ähnlichen Wünsche des Rabbinismus, die Professor Eisenmenger 1, 913—915 und 2, 1038 f. verzeichnet hat?

Des Weiteren betheuert Bloch wiederholt, dass ich einseitig über Luther geurtheilt haben soll. Nun freilich, ich habe in Schriften, die mit der Judenfrage nichts zu schaffen haben, einige Lehren Luther's besprochen und nicht mitgetheilt, was Luther über die Juden sagt. Um diese „Einseitigkeit" zu corrigiren, will ich denn jetzt Luther's einschlägige Worte hersetzen. Wisse, lieber Christ, schreibt Luther (ed. Jen. t. 8. Fol. 76), und zweifle nicht daran, dass Du nächst dem Teufel keinen bittern, heftigeren Feind habest, denn einen rechten Juden, der mit Ernst ein Jude sein will. Es mögen vielleicht Viele unter ihnen sein, die glauben, was Kuh und Gans glaubet, doch … gibt man ihnen oft in Historien Schuld, dass sie die Brunnen vergiftet, Kinder gestohlen und gepfriemet haben, wie zu Trient, Weissensee u. s. w. Sie sagen wohl nein dazu. aber es sei oder nicht, so weiss ich wohl, dass es am vollen, ganzen, breiten Willen bei ihnen nicht fehlt, wo sie mit der That dazu kommen können. heimlich oder offenbar, des versiehe Dich gewisslich und richte Dich darnach. Thuen sie aber etwas Gutes, so wisse, dass es nicht aus Liebe noch Dir zu gut geschieht, sondern weil sie Raum haben müssen

bei uns zu wohnen, so müssen sie es aus Noth thun. Willst
Du mir nicht glauben, so lies Lyram, Burgensem und andere
redliche, wahrhaftige Männer mehr. Auch findet man's in
ihren Schriften und Betbüchern grob genug. So Luther, und
er hat Recht.

In einem Talmudstreit, heisst es weiter bei Bloch, sollten
die Musikjuden nicht genannt werden. Aber diese haben eine
Stelle in unseren Verhandlungen, weil sie die Absicht des
Talmudismus, das Christenthum zu verderben, praktisch sehr
wirksam unterstützen. Wenn so ein Meyerbeer, mit oder ohne
Beihilfe des Judengenossen Scribe, wenn die Levi, Halevy,
Stern, Rubinstein, Mareczek, Strakosch, Ullmann, Felicien David
und Hector Cremieux mit seinem „Ritter ohne Furcht und
Tadel", wenn Offenbach mit seinem „Orpheus in der Unter-
welt", der „Grossherzogin von Gerolstein" u. s. w., wenn diese
und andere „Meister" ohne Zahl auf ihre Libretti das Sprüchlein „für Interessen des Judenthums" setzen wollten, so wüsste
Jeder, woran er wäre, aber Israel befände sich nicht so wohl.
Das Gleiche lässt sich vom Theater und von der Journalistik
sagen. In Wien kennt man ja wohl doch Tendenzstücke wie
die Magdalena, die Cäcilie von Albano, Magellone und Andere
mehr, welche das christliche Volk um seine Sitten und um
seinen Glauben betrügen; man weiss endlich, dass ein Laube
als Intimus des Judendichterlings Mosenthal das Seinige zur
Verhöhnung der katholischen Kirche redlich beitrug. Und nun
die Journalistik! Im Mittelalter trugen die Juden, um gleich
erkannt werden zu können, einen gelben Hut. Würde das
Zeitungspublicum am Kopf der meisten Blätter (in Wien z. B.
„Neue Freie Presse", „Presse", „Fremdenblatt", „Tagblatt",
„Extrapost", „Vorstadt-Zeitung", „Wiener Allgemeine" u. s. w.)
täglich einen gelben Streifen mit dem Motto „für jüdische
Interessen" erblicken, so wäre dies das richtigste Aviso, und
man würde allgemein verstehen, was diese Scribenten eigentlich verfechten. Da wir zur Zeit gesetzliche Hilfe zur Abwehr
des Talmudismus noch nicht zur Genüge besitzen, so ist es
meine Pflicht, das Publikum zu warnen, weil ich die Kriegs-
pläne der Talmudisten eben durchschaue; sagt doch selbst der
Talmud (Jerus. 42), dass im Kriege für des Volkes Wohl jeder
Waffenfähige mitkämpfen muss.

Aber „waffenfähig" — rufen die Rabbis und behaupten
unverfroren, ich habe nicht einmal einen Talmud, könne ihn
deshalb auch nicht lesen und sei darum wegen meiner Sünden gegen die Juden mit Recht schon einmal als Professor
abgesetzt worden. Das Alles sind Behauptungen, eine so un-

wahr und falsch wie die andere; die letzte aber hat den
Zweck, zu vertuschen, wie und wo in der Welt es geschah,
dass mir ein alter jüdischer Revolutionär zweimal eine wich-
tige Berufung verderben konnte; wir werden uns über dies
und Anderes wohl noch sonst einmal sprechen!

Als Beweis gegen meine Waffenfähigkeit führt Bloch
Einiges aus Molitor, über Tychsen und Fabius an. Das Erstere
kann Jeder leicht durch das von mir bereits Gesagte richtig
stellen. Von Tychsen findet sich im königlichen Kammergericht
zu Berlin vom Jahre 1787 ein Gutachten, wodurch er die jüdische Behandlung der Christen als Götzendiener, deren Gut
und Blut zur freien Verfügung der Juden sei, bezeugt; Tychsen
hatte also, wenn Bloch's gegentheiliges Citat nicht geradezu erfunden ist. durch tiefere Studien eine richtigere Einsicht gewonnen. Fabius endlich war ein in Lyon wohlbekannter Prediger, dessen von mir angeführtes Buch Jeden von der Wahrheit meiner Mittheilung überzeugen kann; es befindet sich in
der Wiener Universitätsbibliothek (Theol. p. I. 897), wird aber
unter gutem Verschluss bewahrt und nur in loco zur Einsicht
gegeben; haben doch die Juden schon auf seine Beseitigung
gefahndet. wie anderwärts auf die von Laurent herausgege-
benen authentischen Actenstücke und Berichte über den von
Juden an dem P. Thomas von Damascus verübten Mord, sowie auf sonstige ihnen ungelegene Werke.

Als weiteren Beweis gegen meine Waffenfähigkeit citirt
Bloch drei längst kcrrigirte Druckfehler über rein äussere
Dinge (zwei Jahreszahlen und einen Ort), die mit den von mir
genannten und nie wiederlegten Stellen gar nichts zu thun
haben. Als Beweis wird ferner angeführt, dass ich iu dem
Wort aqifin vier Sprachfehler gemacht haben soll, weil es
heissen müsse: baakifin! Die Sprachfehler liegen aber auf
Seite des Rabbi Dr. Bloch. Denn erstens übersetzt er die
Pluralform unrichtig durch den Singular „List", während,
will man einmal grammatische Productionen machen, exact
„Betrügereien" (cf. auch über die Bedeutung des Wortes Raschi
zu Baba k.) zu übersetzen ist: zweitens fügt er unrichtig die
Präposition b hinzu, weil das Citat bereits ein „durch" enthält und also mit dem einfachen Wort aqifin fortfahren musste;
drittens behauptet er gegen die Lexikographie, dass der erste
Buchstabe ain hier blos mit dem Vocal a gesprochen werden
könne, während hinreichende Belege auch ein i zulassen, mag
auch in solchem Falle die in der Consonantenschrift nach tal-
mudischem Vorgang nicht nothwendig auszudrückende Dages-

sirung zugedacht werden; viertens schreibt er ein k, während das Wort nur mit einem q überhaupt möglich ist. Also ein Rabbi macht vier Sprachfehler in Einem Wort! Das fragliche Wort wird von dem Verbum aqaf abgeleitet, welches „betrügen" heisst (hbr. aqab. cf. gen. 27, 36, syr. ist eqba Ferse, chald. iqba, arabisch aqibon). Ueberhaupt scheint dem Rabbi Bloch eine wissenschaftliche Durchbildung, wie überhaupt, so besonders in philologischer Beziehung ganz abzugehen. Sonst wäre unbegreiflich, wie er meine Erklärung von Akum (Aobde Christus u Mirjam, Verehrer Christi und Mariens) durch die Bemerkung entkräften mochte, Akum könnte ja auch Aobde Korau u Muhamed (Verehrer des Koran und Muhamed's) gelesen werden. Dies ist deshalb unmöglich, weil das muslimische Gesetzbuch nicht Koran, sondern Qoran (mit Q) geschrieben wird. Noch trauriger ist das Zeugniss, dass sich Bloch für seine philologische Gelehrsamkeit mit dem Worte margela ausstellt. Er behauptet gegen allen Sinn und Verstand, dieses Wort sei ein Verbum, kein Nomen! Nun, selbst im rabbinischen Lexikon des Rabbi Dr. Levy, II. 66, kann Jeder, ich wiederhole es, eins nach dem andern die drei Worte margela, margelitha, marganitha finden; die beiden ersten bedeuten Edelstein und seltener Perle, das dritte Edelstein, im Talmud steht aber das erstgenannte Wort. Neuerdings will Bloch, man solle übersetzen, es sei dem Talmudisten ein geläufiger Ausspruch (also wohl doch eine „Perle") gewesen, man müsse allezeit listig sein in der Furcht Gottes: als ob die Sache selbst durch derlei philologische Sprünge geändert würde! So sieht es mit der Philologie des Rabbi Dr. Bloch aus, und solch ein Däumling, der kein Verbum von einem Nomen unterscheiden kann oder mit indifferenten Verbal- u. Nominalbegriffen die Substanz der Dinge zu alteriren meint und von Lautgesetzen keine Ahnung hat, nimmt sich heraus, mit seiner Wissenschaft gross zu thun! Begreiflich, dass solch ein Individuum auch unfähig ist, Stellen, welche Celebritäten wie Voisin, Galatin und Drach für die Trinität aus R. Jahuda, dem Mischnaschreiber, u. A. anführen, nicht taxiren kann; ein gut versirter Hebräist sieht es diesen Stellen sofort an, dass es einem Spätjuden oder Christen unmöglich war und ist, sie nachzuahmen; der sprachliche Color ist so unnachahmlich mischnisch und altjerusalemisch, dass ihm die Echtheit auf der Stirn zu lesen ist. Gehen wir nun der Reihe nach auch die übrigen Machtsprüche des Rabbi durch; wir werden sehen, dass sie von gleichem Unwerth sind wie die bisher mitgetheilten.

3*

Dass der Name Elias, mit welchem der Talmud gar
schandbare Dinge verknüpft, einen Talmudisten und nicht den
Propheten bezeichne, folgt schon daraus, dass dieser Elias in
Nebardea, einer Stadt Mesopotamiens, auftritt, wo der Prophet
nie gewesen ist; aber Prof. Eisenmenger kann darin sehr Recht
haben, dass er meint, die Rabbis hätten die betreffenden
Schandbarkeiten auch dem Propheten zugetraut: lehrt doch
der Talmud, dass sogar Gott der Herr ein Sünder sei, den
die Rabbiner absolviren müssten, und docirt ja auch Bloch, dass
der Prophet Ezechiel ein wüster Barbar gewesen, der seine
Mitmenschen als „Vieh" angesehen habe und deshalb von dem
edleren, göttlichen Talmud getadelt werde, ja sogar von den
Talmudisten aus der Sammlung der biblischen Bücher entfernt
werden sollte! O. diese Talmudisten, was sie sich nicht ein-
bilden! Einer (Elieser) derselben starb (Ber. 28) mit den Worten: Die Juden möchten ja die Rabbiner in Ehren halten und
ihre Kinder nicht an die Bibel gewöhnen! Ein Anderer freilich,
der noch den Welterlöser gesehen, starb in bitterer Verzweif-
lung (Jochanan Ben Saccai), und auch Elieser (Sanh. 101)
klagte vor seinem Tode, dass ihn Gottes Zorn dergestalt drücke,
dass ihm die ganze Welt zu enge werde. Möchte solches jenen
Juden die Augen öffnen, die ihren Rabbis so blindlings nach-
laufen, wobei ich gar nicht ausführen will, wie mancherlei
ärgerliche Dinge selbst der Talmud von seinen Celebritäten
meldet. Aergerlich ist es auch, dass die Rabbiner alberne
Dinge über Gottes Verkehr mit der Eva erzählen; was der
Talmud davon (Ber. 61) meldet, wird in dem „Brandspiegel",
einem „Volksbuch" aus rabbinischer Hand, blos etwas ausgemalt, weshalb ich es im „Talmudjuden" zusammenschreiben
durfte.

Indesss von Ber. 61 kommen wir auf Ber. 25 und Bloch
lädt mich in der Nachschrift der „W. A. Z." vom 10. Jänner
feierlichst ein, meine „Uebersetzung" der Stelle vor der Morgenländischen Gesellschaft zu rechtfertigen. Welch ein Kniff,
welch eine Unverfrorenheit! Um den Rabbis zu zeigen, dass
ich die Stelle im Urtext nachgesehen, gab ich ihnen eine Ex-
plication, eine erklärende Inhaltsangabe derselben, indem ich
meldete, die Nichtjuden würden dort Esel und ein in sich obscöner Gegenstand genannt, obgleich doch einige Kinder Noe's
durch Bedeckung der Scham des Vaters Beweise von Anstand
gegeben. Dieses „obgleich" machte jedem Kenner deutlich,
dass der Talmud den Frevel begeht, uns „obscöne Objekte"
(ervah) zu nennen, indem er dies willkürlich, absurd und ge-
wissenlos aus den biblischen Worten „sie sahen nicht ihres

Vaters Scham" (ervah) herausstudirt! Mein „obgleich" zeigte
an, dass die Bibel wahrlich keinen Grund enthält, aus dem
eben angeführten Satz, „sie sahen nicht des Vaters Scham"
(ervah) zu folgern, wir seien „ervah" zu nennen. Ebenso wird
hier aus Ezechiel herausstudirt, die Nichtjuden seien Esel. Mit
Megilla 7 verhält es sich ebenfalls genau, wie ich gesagt.
Ich habe von den Stellen angegeben, was sie eigentlich enthalten,
ohne irrelevante Zugaben zu übersetzen; denn das hätte dem
„Talmudjuden" ein Volumen gegeben, dass kein Volksbuch
daraus hätte werden können; und darauf doch kam es an,
durch kurze Mittheilung des Wirklichen und Wesentlichen allen
Leuten zu zeigen, welche Mysterien das Judenthum enthält,
das sich herausnimmt, das Christenthum durch Andichtung
schändlicher Lehren verhasst zu machen. Es bleibt also bei
dem, was ich sagte, und Bloch möge von unserer wohlbekann-
ten Jury das Urtheil bringen, dass meine Stellen falsch, er-
dichtet, erfunden sind.

Megilla 7 also werden die Gojim als Hunde bezeichnet.
Damit stimmt, das Aboda zara 46 a das Angesicht eines nicht-
jüdischen Monarchen als „Hundsgesicht" bezeichnet wird.
Meint Bloch, ich hätte dies und Anderes abgeschrieben und
nicht im Talmud selbst nachgelesen, so will ich ihm melden,
dass es l. c. in der siebenten Zeile von oben steht (Venediger
Druck). Raschi studirte, genau wie ich meldete, aus 5 Mos.
14, 21 heraus, dass ein Hund noch besser sei als ein Nichtjude; Bloch wird wohl wissen, wo im Pentateuch-Commentar
er es finden kann, die hebräischen Worte heissen: schehakkeleb
nichbad mimmennu! Und für schlechtes Fleisch, das man einem
Hund umsonst hinwirft, nimmt man nach Raschi von dem
Nichtjuden Geld! Auch R. Lippmann klagt (in der Vorrede
zum Nizzachon), die Juden seien von vielen „Hunden" umge-
ben, nämlich „abgefallenen Juden, Gottesleugnern, Sadducäern
und Christen" und diese Alle sind ihm minim, d. h. Ketzer.

Die Versetzung unter das Vieh erlaubt sich auch, wie es
ja nicht anders zu erwarten stand, der „Schulchan" (d. h.
Tisch) oder, wie Bloch lieber möchte, der „Aruch" (d. h.
„Gedeckte"); angenehmer ist ja, an gedeckte Tische, als blos
an Tische zu denken! Der „Aruch" also lehrt l. c., dass der
Jude, wenn ihm ein Akum als Knecht oder Magd gestorben,
von den anderen Juden getröstet werden soll wie über den
Verlust eines Ochsen; denn sie sollen ihm sagen, Gott möge
ihm den Schaden ersetzen, und nicht Trostesworte wie über
den Verlust eines Menschen sprechen. So genau ist die Lehre
des Aruch l. c., sie gilt dem Akum oder Christen, der in des

Juden Hause gedient hat. Oder waren vor 300 Jahren in Krakau nicht etwa Christen und Juden beisammen? Gab es dort oder leben jetzt in unseren Gegenden, wo der Aruch das rabbinische Handbuch, das jüdische Gesetzbuch bildet, etwa andere Menschen zusammen als Christen und Juden? Wenn nun aber unter uns keine Sklaverei im gewöhnlichen Sinne des Wortes existirt, und doch das erwähnte Gesetzbuch bestimmt, dass der Jude blos im Todesfalle eines Juden den üblichen Religionstrost (nämlich den Spruch: Gott tröste Dich unter den Trauernden Sion's) spreche, sonst aber das oben Gesagte, so ist doch evident, dass die Knechte und Mägde, welche aus den Akum oder Christen ihnen dienen, als Sklavenvieh aufgefasst werden. Bloch's Einreden sind, wie überall, einfache Unwahrheit, dreiste Negation des klar in den Texten Gesagten. Unsere Stelle über den Ochsen und den Christenknecht wird auch von Bloch mit der hübschen Bemerkung bedacht, es sei sehr human, dass der Jude beim Tode des Sklaven nicht die Ceremonien halte, welche beim Absterben der Verwandten üblich seien. Hierin liegt eine doppelte Verkehrtheit. Erstens wird durch die Rede von Ceremonien das im Text Vorkommende verdunkelt; denn da handelt es sich um das Beileid, das man beim Knecht in gemeldeter Weise ausdrücken soll, und so ist klar, dass der Jude als Mensch, die Anderen als Thiere erscheinen. Zweitens ist es sehr stark, dass Bloch hier ein Zeichen schöner Humanität findet; will er wissen, was Humanität ist, so möge er das Christenthum betrachten, das auch dem Knecht und dem Sklaven die Segnungen der Religion gewährt und ihr Leid als Leid von Menschen betrachtet und mitempfindet. Uebrigens beruht die ganze Stelle des Aruch auf Berach 16 b, wo man liest, man sage beim Tode von Sclaven nicht den Segensspruch oder die Trostworte der Leidtragenden, sondern wie man zu einem Menschen sagt wegen seines Ochsen oder Esels, die gestorben sind; letzteres (m e t h u) habe ich mit „crepiren" übersetzt, was Bloch eine „Rohheit" nennt! Man sieht dabei, aus welchen Gründen Rabbiner ihre Titularen austheilen!

Dass die Ehen der Nichtjuden keine wirklichen Ehen sind, weil sie eine Verbindung oder, wie sich auch sagen lässt, ein Zusammenleben von Thieren sind, ergibt sich zur Genüge aus dem Gesagten; auch Joreh deah 1. c. wird es gelehrt, desgleichen im Talmud Jebamoth 22 b und 97 b und 67 a; der specielle Grund der Nichtigkeit der Ehe, dass wir nämlich Thiere (speciell auch susim. d. h. Rosse) seien, wird öfters angegeben (s. Kidd. 17 Tos., Kethub, 4 Tos. cf. Joreh deah

334, 43 Art. 4): Die „Barbarei" ist also wieder auf Seiten des Talmudismus! Auch ist ganz richtig, dass wir Orach ch. l. c. als Akum mit unreinen Sachen, wie z. B. Koth, identifizirt werden und so auch im Talmud pes. 85 Tos. (nicht 85 wie Bloch unterschiebt); es heisst hebräisch schela jehe mafsiq tinof o Akum. Dass die Commentatoren das Kaddischgebet auch verbieten, wenn Idole oder Götzenbilder in der Nähe sind, ändert die Sache nicht; bekanntlich ist Cälem, d. b. Idol, eine unter Juden (Buxt. lex 1918) gangbare Bezeichnung des christlichen Kreuzes, und wir begreifen, dass der Jude dessen Nähe als profan, als unrein betrachtet. Der Akum mit dem Kreuz, der doch nichts als ein Christ sein kann, wird deshalb ja auch ungern auf dem Wege angetroffen (Orach. ch. 114, 8.) Nach all diesem ist auch deutlich, dass ein Lob, welches der richtige Jude dem Nichtjuden spendet, nach dem Geiste des Aruch l. c. so gemeint ist, wie ich gemeldet: der Jude ist ja von Gottes Wesen, wir Alle aber sind Thiere und können deshalb nur gelobt werden, wie man Thiere und andere vernunftlose Wesen, z. B. wegen ihrer Kraft und Schönheit, als Werke Gottes lobt.

Dass die Christen Götzendiener sind und insoferne tief unter den Thieren stehen, von welchen Isaias sagt, dass sie doch die Krippe ihres Herrn kennen, während der Heide seinen Schöpfer und Herrn vergisst, habe ich schon oft gezeigt. Es ist ja doch klar, dass die christliche Lehre Abgötterei sein muss, wenn Jesus nur ein Mensch, ein blosses Geschöpf ist; denn das ja ist eben Götzendienst, dass man einem Geschöpf göttliche Ehre erweiset. Bevor ich diesen Punkt gegen Bloch's neueste Einreden erörtere, mag hier erwähnt sein, dass er trotz aller Beweise, die ich selbst aus Delitzsch und Rabbi Hamburger brachte, dabei beharrt, die Vergleichung Jesu mit Bileam sei keine Unehre für den Heiland, weil Bileam kein Zauberer, sondern ein wahrer Prophet gewesen sei. In der That, gegen solchen Verschluss der Augen ist kein Kraut gewachsen. Heisst denn nicht Bileam im Buche Josua 13. 22 ausdrücklich Qosem, d. h. Zauberer? War Qäsem, d. h. Wahrsagerei durch Zauberkraft, 5 Mos. 18, 10, den Israeliten nicht als ein Gräuel vor Jehova verboten? Erscheint nicht Qäsem überall in der Bibel als schwere Sünde (1 Sam. 15. 23; Ezech. 13, 23; 2 Kön. 17. 17) und als Sache falscher Propheten (Ezech. 13, 9; 22, 28; Jer. 14, 14), und wird nicht Isaias 3, 2 der Qosem als falscher Prophet dem Nabi als wahrem Propheten entgegengesetzt? Ebenso stellt das vierte Buch Mosis Cap. 22, die Sache dar. Als nämlich die Aeltesten Moab's und Midian's zu Bileam kamen, mit dem Zauberlohn in der Hand, wies er sie nicht ab, sondern liess sie über Nacht bei sich bleiben, um zu sehen, ob der wahre Gott seine Zauberwerke gestatten und seiner Geldgier nicht entgegen wirken werde. Wäre Bileam ein wahrer Prophet und treuer Diener Jehova's gewesen, so würde er die Abgesandten sofort mit ihrem Begehren abgewiesen haben, da er als solcher wissen musste, dass Gott sein erwähltes Volk nicht verfluchen werde. Diese durchaus biblische Auffassung bestätigt meine frühere Darlegung. Ein echter Judenkniff aber ist es, dass Bloch sagt, Gittin 51 würden die „hohen Tugenden Jesu" nicht angetastet! Wieso? Weil von „Tugenden" Jesu dort gar keine Rede ist, darum wagt der geschickte Rabbi den Ausspruch, „Tugenden" Jesu würden dort nicht angetastet! Als ob aber nicht 1. c. Jesus unter die poschim (d. h. Apostaten oder Rebellen) gestellt und gesagt wurde, er werde im Abgrund der Hölle gepeinigt — zugleich mit Bileam, von dem Moses (4 M. 31, 16) meldet, dass er Israel zum Götzendienste verführte. Auch Jesus ist nach talmudischer Anschauung — wir begreifen das — ein Verführer zum Götzendienst; aber so absurde Dinge sollten doctorirte Rabbis doch nicht begehen, dass sie uns aufbinden wollen, der Talmud halte Bileam und Jesum in Ehren u. drgl.

Wie unqualificirbar ist bei dieser Lage der Dinge die Behauptung Bloch's, kein jüdischer Gelehrter, kein einziger in der ganzen talmudisch-rabbinischen Literatur betrachte die Christen als Götzendiener! Selbst Delitzsch l. c. 26 meldet ja, wie ich schrieb, dass der Talmud uns unter den Gattungsbegriff der Götzendiener bringt. Wenn Delitzsch Aboda zara einmal mit „fremden Cult" wiedergibt, so ist dies nicht unrichtig, denn das „fremde" bezeichnet hier eben das dem göttlichen Gebot fremde Cultwessen, die Abgötterei, darum fährt Delitzsch auch l. c. gleich unmittelbar fort, für die talmudischen Tosafoth und Rabbi Juda sei ein Christ kein „Götzendiener" (d. h. wie die Baumanbeter, Thieranbeter u. dgl.) und Chullin 13 b möchte die Heiden ausser Palästina nicht eigentliche Götzendiener nennen, weil ihnen das Heidenthum nicht als Herzenssache gelte. Man sieht, auch von Herrn Delitzsch habe ich ganz nach der Wahrheit gemeldet, dass er Aboda zara als „fremden Cult" im Sinne der Abgötterei auffasst. Nur ist beizufügen, dass Delitzsch durch die eben angeführten Bemerkungen nicht bewiesen hat, dem Talmud sei das Christenthum nicht Götzendienst; denn so naiv dumm waren die Talmudisten ja nicht, dass sie geglaubt hätten, es gebe ausser Palästina keine von ganzem Herzen ihrem falschen Cult anhängende Heiden, und die Christen ausser Palästina nähmen ihre Verehrung für Jesum nicht als tiefste, innerste Herzenssache. Der Leser mag eben an diesem Beispiel wieder sehen, wie die Juden und Judengenossen die Geduld stark auf die Probe stellen, indem sie uns derlei albernes Zeug zur Wiederlegung anbieten. Indess, im Interesse des öffentlichen Wohles wollen wir uns nicht ermüden lassen. Im Anschluss an einen Satz des „Adler" wollen wir nun noch zeigen, wie Israel die götzendienerischen Christen behandeln soll.

Der „Adler" sagt (Aboda zara 3. Mischna Fol. 78, 3): „Die Christen, welche Jesu nachirren, sind alle zumal Götzendiener und man muss nach der eigenen Declaration des Talmud mit ihnen verfahren wie man mit Götzendienern verfährt."

Wie also verfährt man mit ihnen? Zuerst ist zu wissen, dass sie nicht einmal des Grusses würdig sind. Bloch bemerkt, dass der „Aruch" gestatte, den Fremden mit seinem Gott zu segnen: Dein Gott segne Dich, segne deine Arbeit! Aber diese auch von mir citirte Stelle ist so gemeint, dass der fremde Gott, weil er ja im System des Judenthums selbstverständlich nur ein Geschöpf und also nicht Gott ist, als schwaches Wesen gedacht wird, so dass der Gruss mit diesem Gott nur als Spott gelten kann; der Gott des Akum (des Christen) kann nicht mehr helfen als die eigene Arbeit, so dass dem Geiste der Stelle nach auch gesagt werden könnte: Deine Arbeit helfe oder segne, denn mehr als sie kann doch wahrlich nicht der Christengott, wenn er auch nur soviel könnte! Bloch behauptet, es sei Toleranz, dass der Jude den Segen des fremden Gottes anbiete, bei Leibe kein Spott. Aber er entwickelt Nr. XII, es sei ganz gleichgiltig, welches Religionsbekenntniss man überhaupt habe, es komme Alles lediglich auf die innere Gesinnung an. Als ob man äusserlich als wahrheitsliebender Mensch über Gott und Göttliches oder irgend Etwas in der Welt anders reden dürfte als man innerlich denkt! Das wäre eine saubere Sache, aus Gott ein Wesen zu machen, dem die Heuchelei gefallen könnte, ein Wesen, das gegen den Widerspruch von Gesinnung und Bekenntniss gleichgiltig wäre! Wenn aber Bloch in dieser Darlegung so feierlich und offenbar das Heucheln concedirt, was bedarf es da noch rabbinischer Belege aus alten Zeiten, um zu erkennen, dass den Rabbis die pharisäische Hypokrisie in Fleisch und Blut sitzt? Damit stimmt, dass Dr. Jost, der vorige Leiter des Rabbinerseminars in Breslau, in seiner Geschichte, des Judenthums, II, 444 ff., mit Behagen und ungenirt eine Reihe studirter Juden aufführt, welche zum Schein Christen wurden und unter der Maske des Christen

den Talmudismus cultivirten. Damit stimmt, dass der englische Lordkanzler d'Israeli, wie das Judenblatt „Fanfulla"
(21. April 1881) schrieb, sich durch die Taufe alle bürger-
lichen Privilegien verschaffen wollte, die zum Gipfel der
Macht führen, dass er aber im Herzen Jude blieb und seine
unüberwindliche Abneigung gegen die Europäer (d. h. Nicht-
semiteu) auch nie verhehlte; als Testamentsexecutor setzte er
demgemäss Nathanael Rotschild ein, nachdem er im Leben, wie
die Mailänder „Ragione" (22. April 1881) bemerkte, „aus guter
Speculation anglikanischer Christ gewesen, aber alle grossen
Eigenschaften des hebräischen Volkes in sich vereinigt hatte."
Die „Archives israélites" bestätigten (28. April 1881), dass
d'Israeli's Liebe zum Judenthum mit den Jahren nur zunahm,
weshalb (ib. 5. April 1881) denn auch die englischen Synagogen
besondere Gebete zum Andenken des berühmten Kanzlers ab-
hielten. Letzteres ist aber nach talmudistischem Recht für einen
echten „Apostaten" nicht gestattet, weshalb denn kürzlich noch
die „Kölnische Volkszeitung" am 5. Jänner d. J. meldete, dass
die Juden in Cleve einen aufrichtig katholisch gewordenen
Juden nicht einmal zum Begräbniss seines Vaters zulassen
wollten, sondern ihn derart insultirten, dass die Sache den Ge-
richten übergeben werden musste.

Wenn die Juden für christliche Monarchen beten, so geschieht dies lediglich mit dem Munde, denn das äussere Bekenntniss macht ja auch nach Bloch nichts aus, wenn man nur
im Herzen das Seinige denkt! Gelegentlich wird aber bei derlei
Gebeten irgend ein zweideutiger Zusatz gemacht, z. B. Gott
erhalte den Erlauchten für das Reich; dies kann heissen: Der
Christengott thue es, der doch nichts kann; oder: für das Reich,
das heisst für Israel's Herrschaft; letzteres wird intendirt, wenn der betreffende Potentat den Juden förderlich und
günstig ist. Damit stimmt, dass die Juden unter sich allerlei
Gebete verrichten, worin sie um Ausrottung der Christenheit
bitten. welche sie (z. B. im Gebet Schemone esre) das stolze
Reich (malkuth zadon) nennen. In diesem Gebete, welches der
Fromme drei Mal täglich betet, heisst es, dass die abgefallenen
Juden und die den jüdischen Glauben nicht haben, zu Grunde
gehen sollen, und das stolze Reich zerbrochen und entwurzelt
werden möge. Bei den Worten „das stolze Reich" spucken die
Eifrigen drei Mal aus, wie sie auch thun bei den Bezeichnungen
im Gebet Alenu, worin es von den Christen heisst, dass sie
„anbeten Eitelkeit und Nichtigkeit, einen Menschen, der Staub,
Blut und bittere Galle ist, Fleisch, Schande, Gestank, — einen
Gott, der nicht helfen kann" (s. Wagenseil, tela ignea 219).

Man sieht daraus, dass der Hass nicht im Geblüte liegt, sondern, wie schon Delamarre gesagt hat, durch die Erziehung eingeimpft wird und grosswächst. Das Sprüchlein von der Vernichtung des „stolzen Reiches" in Schemone esre heisst birkath haminim und ist sehr alt. Denn Raschi sagt zu Ber. 28 b, dass es qarob letarbutha denoçri, d. h. um die Zeit des Nazareners (bald nach ihm, tarbutha eigentlich Zucht, Aufführung, hier schlechte Aufführung sc. des Nazareners) verfasst wurde, der eine Lehre gegen die Worte des lebendigen Gottes vorgetragen habe. Die Unehrlichkeit der Juden leuchtet ferner aus ihrer Anschauung über den Eid hervor. Alles, was ich darüber schrieb, ist richtig. Baba k. 113 a bleibt, wie ich sagte. Wäre es wahr, dass auch nur Ein Rabbi hier den falschen Eid gestattete, so weiss man ja, dass einem Rabbi zu gehorchen ist, selbst wenn er das Gesetz (Moses) aufhöbe (Rosch hasch. 25), und dass auch die rabbinischen Lehren, die einander widersprechen, alle zumal Gottes Wort sind (Erubin 13 b), eine schlaue Bestimmung, da der Talmud selbst auch berichtet, dass Hunde, H . . . ., Hähne und Rabbiner immer in Zwietracht sind (Pesach. 113). Aber es ist nicht wahr, dass l. c. bloss Ein Rabbi den falschen Eid erlaubt. Es heisst dort (Baba k. 113 a in der fünften Zeile von unten, die mit amar Samuel beginnt) ... „Es ist Tradition: ein Jude und ein Goj kommen zum Gericht; wenn du (o Jude) ihn (den Goj) kannst besiegen mit den Gesetzen Israels, so besiege ihn und sage ihm: so will es unser Gesetz; wenn du ihn besiegen kannst nach den Gesetzen der Völker, so besiege ihn und sage ihm: so will es euer Gesetz; und wenn (auch dies) nicht, so kommt man über ihn (den Goj) mit Betrügereien." Hier wird der falsche Eid, wo es die Interessen eines Juden fordern, offenbar ganz allgemein erlaubt, in allen Fragen, und diese Lehre wird als Tradition bezeichnet.

Der „Schulchan aruch", wie ich mittheilte, vereinzelt dies blos auf verschiedene Fälle, indem er Geld und Leibesgefahr unterscheidet und für Geldfragen bestimmt, nicht falsch zu schwören, wenn man entdeckt werden könnte. Dadurch wird ein Wort Akiba's, welches l. c. Baba k., dritte Zeile von unten (eingeleitet mit „Worte R. Israels: R. Akiba hat gesagt") mitgetheilt wird, näher erklärt. Akiba sagte nämlich, die Kniffe seien zu vermeiden „wegen der Heiligung des Namens", d. h. in Fällen, wo durch Entdeckung des falschen Schwures der Name Israels blamirt würde. Dass der „Name" Gottes und Israels wirklich so identificirt, und die Entweihung des „Namens" lediglich durch Entlarvung des verbrecherischen Schwures befürchtet wird, folgt nicht blos aus Choschen 348, 1 Haga, sondern sogar auch aus Rahmer's jüdischem Literaturblatt, das anlässlich einer Schrift von Delitzsch (12. Juli 1882, S. 2, Mitte der 1. Spalte) die Juden ermahnt, das Christenthum nicht iu Gegenwart von Christen schlecht zu machen, weil dies den Juden selbst nachtheilig sei und so gegen die „Heiligung des Namens" verstosse! Auch die im vorigen Schreiben von mir mitgetheilten Einzelfälle aus dem „Aruch" bezeugen dieses. Rabbi Dr. Bloch gibt Nr. XI verstohlen zu, dass bei Lebensgefahr der falsche Eid zulässig sei, und N. III, dass Baka k. 113 gelehrt wird, der Jude könne sich vor Gericht des Betruges bedienen. Das Grundprincip, nach welchem „Aruch" die Fälle in der mitgetheilten Weise unterscheidet, liegt in dem rabbinischen Axiom, dass der Jude von Gottes Wesen sei, wie ein Sohn von der Substanz seines Vaters. Kraft dieses Princips bestimmt der Aruch l. c.. der falsche Eid sei in Geldsachen blos erlaubt, wenn keine Gefahr der Entdeckung zu besorgen ist, in Leibesnoth (der Glieder oder des Lebens) aber auch dann: die Schädigung von Gesundheit und Leben würde nach obigem Grundsatz eben direct das göttliche Wesen antasten und muss darum auf alle Fälle hintangehalten werden.

Für die hohen Gerichtshöfe muss ich aber bei diesem Anlass noch auf eine bisher nicht mitgetheilte Stelle aufmerksam machen. Es ist Baba k. 113 b, wonach ein Jude, der ein Zeugniss zu Gunsten eines Nichtjuden weiss, das einem Juden nachtheilig ist, und es bei Gericht gegen einen Juden angibt, in den grossen Bann gethan werden soll. Die Stelle heisst im Urtext (Zeile 2 und 1 von unten) so: Bar Israel dejodéa sahadutha degoj veazil umashid leh bedina degojim al Israel meschammethinan leh. Wie kann man also von jüdischen Gelehrten und Rabbinaten am Gericht Uebersetzungen und Gutachten als massgebend betrachten, ohne wenigstens auch einen christlichen Hebräisten gehört zu haben? Das Gericht in Habelsschwerdt sprach einmal den Redacteur Franke schuldig, weil der allein befragte Rabbi Dr. Joel, da er in seinem Exposé Jesum sogar den „Herrn" nannte (von wem, welchen, was, das dachte sich Joel blos privatim), den Richtern imponirte; der Appellhof in Breslau hob dann auf mein Gutachten, worin ich hebräisch und deutsch die fraglichen Stellen vorlegte, ohne sonstige, von Bloch erdichtete Zusätze, das Schuldig auf.

Die vorstehende Betrachtung des Judeneides wird bestätigt durch die Enthüllungen des berühmten, katholisch gewordenen Rabbi Drach, von dem selbst Delitzsch mit Achtung sprechen musste. Denn als Delitzsch über einige von mir gemachte Angaben bekehrter Juden das rabbinische Wort: solche Leute seien wie der Aussatz, anzuführen wagte, ersuchte ich ihn, die Lebensgeschichte Drach's bei Rosenthal zu lesen. Darauf sagte er, er nehme Drach aus (Anti-Rohling 53). Nun dieser, durch Gelehrsamkeit und ein heiligmässiges Leben mit Recht berühmte Drach schreibt (Deuxième lettre d'un Rabbin converti aux Israelites ses frères, Paris 1827), dass es zwei Ceremonien bei den Juden gibt, wodurch, abgesehen von dem, was ich oben schon meldete, die Zuverlässigkeit ihrer Eide und Versprechen ganz hinfällig wird, welche Clauseln und Cautelen auch immer mögen vorgeschlagen und angewandt werden.

Die erste Ceremonie nennt man haffarath nedarim. Dieselbe besteht darin, dass drei (in dunkler Erinnerung an die altjüdische Trinitätslehre — sind es drei) beliebige Juden von einem Mitjuden aufgefordert werden, sich zu setzen und seine Eide, Gelübde und Verpflichtungen für Vergangenheit und Zukunft zu annulliren. Nachdem die drei sich als Tribunal zu diesem Zwecke constituirt haben, besitzen sie volle Autorität, und ihr Spruch ist, wie Gottes Wort, rechtskräftig. Jeder Jude macht diesen Act privatim für seine Person wenigstens einmal des Jahres, gewöhnlich gegen September, zwischen der Vigilie von Neujahr und der Vigilie des Versöhnungstages. Der Jude. welcher sich durch seine Eide und Verbindlichkeiten belastet fühlt, sagt vor dem bezeichneten Tribunal, dass ihm alle seine Eide und Versprechen, die er jemals abgab, leid sind, und dass er sie widerrufe; sie sind so zahlreich, sagt er zum Schluss, dass ich sie nicht specificiren kann; es sei daher in eueren Augen, ich bitte euch, als ob ich sie im Einzelnen aufgezählt hätte. Das Tribunal erklärt dann ohne andere Processform die erwähnten Verpflichtungen für null und nichtig, wirkungslos und wie nicht übernommen.

Die andere Ceremonie wird genannt Col nidre und wird als öffentlicher Act in der Synagoge vorgenommen, und zwar zum Versöhnungsfeste. Bevor der Vorsänger das erste Gebet des Versöhnungsfestes in der Synagoge intonirt, constituiren sich drei Männer als Gerichtshof und annulliren im Angesichte der ganzen Gemeinde mit voller Autorität alle Gelübde, Verbindlichkeiten und Eide eines Jeden der Anwesenden, sowohl diejenigen des verflossenen als diejenigen des kommenden Jahres. Einige Rabbis haben von dieser zweiten Annullation behauptet, sie gelte blos für das kommende Jahr. Die Sache bleibt dabei freilich unverändert dieselbe, weil man jedes Jahr den Act ja wiederholt; aber sie wurden durch andere Lehrer siegreich widerlegt, welche zeigten, der Act habe auch für die Vergangenheit Rechtskraft. Diese Enthüllungen macht aus seiner Erfahrung und Wissenschaft der berühmte Drach 1. c. S. 83 und S. 304 f. Die Christen, sagt der „Adler", sind nach der Erklärung des Talmud selbst wie Götzendiener zu behandeln. Wir sahen, dass ihnen deshalb keine Treue und Aufrichtigkeit geschenkt werden darf. Auch das Eigenthum der Christen wird entsprechend geschätzt; es steht zur freien Disposition des Juden, der allein die Menschenwürde besitzt und deshalb über die Nichtjuden wie über die Fische des Meeres und die Thiere des Feldes verfügen darf. Ich führte zuletzt als Beweis auch den „Aruch" an (Choschen 156). Bloch sagt, hier stände „Sternanbeter", nicht Akum. Dies ist wieder unwahr. Und wenn einige Ausgaben Akum à la Bloch gäben, so habe ich ja gezeigt, dass diese „Sternanbeter" im „Aruch" die Verehrer Christi und Mariens sind, die wir Christen freilich, bildlich zu reden, als zwei leuchtende Sterne ansehen, ohne aber Maria, wie es jüdische Bosheit uns vorwirft, anzubeten. Es sind, sage ich, diese „Sternanbeter" die Christen, weil es in Europa, wo der „Aruch" die verschiedenen Beziehungen zwischen Juden und Nichtjuden massgebend zu regeln hat, keine Sternanbeter im eigentlichen Sinne gibt, weder jetzt, noch vor 300 Jahren in Krakau. Wenn aber Bloch behauptet, es würde 1. c. im „Aruch" blos über die geschäftliche Concurrenz der Juden unter einander verhandelt, so ist das sehr schlau und pfiffig; denn diese Concurrenz bezieht sich nämlich auf die Ausbeutung des Akum, und wird angeordnet, dass ein Jude nicht behindert ist, einen Akum zu schröpfen, auch wenn bereits ein anderer Jude mit dieser edlen Arbeit beschäftigt ist. Das Gut des Akum ist ja eben Eigenthum des erwählten Volkes, weshalb es nur löblich ist, den Akum recht bald in's Elend zu bringen, damit die Macht der „Gottlosen" gemindert werde. Hiemit stimmt Ikkarim III. 25, wie ich aus dessen Text und selbst aus Bloch und Genossen bewiesen habe.

Wir kommen zu dem Blutcapitel. Bloch hat gegen meine Mittheilungen aus Choschen 425 zu bemerken, hier seien blos die Vorschriften Deut. 13, 7 ff. auf Epikuräer und Sternanbeter angewendet. Nun, ex ore tuo te judico. Die „Sternanbeter" sind im „Aruch", wie ich bewiesen habe, offenbar die Christen. Dieselben werden aber auch Epikuräer genannt. Excellenz Abarbanel sagt, dass die „Römer" (i. e. Christen) Ketzer (minim) und Epikuräer seien, weil sie glauben, die

Gottheit sei Fleisch und Blut (zu Deut. 32, 21 Mark. ham. 110.3: alahuth bebasar vedam); ebenso sagt er (rosch amana 5.1), dass ein Ketzer (min) und Epikuräer genannt werde, wer die Glaubensartikel der Juden nicht annehme. Solche Aussprüche gibt es noch viele, wie man bei Professor Eisenmenger, Edzard, Drach u. A., die im Studium des Talmuds ergrauten, nach-sehen kann. Nun heisst es aber Deut. 1. c. von dem alten Israel, dass Jene, die zum Abfall zu verleiten suchten, sofort getödtet werden sollten. Indem also der „Aruch" dies auf uns Christen anwendet, die wir uns bekanntlich bemühen, Israel von der Wahrheit des Christenthums zu überzeugen, so ist klar, dass der Jude in unserem Streben ein todeswürdiges Verbrechen findet und uns zu denjenigen rechnet, die er sofort, wenn es nur möglich ist, todtschlagen soll. Daher steht auch im Talmud Sofr. 13 b und Aboda Z. 26 b Tos.: „Den besten der Akum" (einige Ausg.: Gojim, was natürlich nichts ändert) „schlage todt." Bloch aus Posen und Bloch aus Wien beklagten sich, dass ich hier böswillig den Zusatz „im Kriege" ausge-lassen habe. Aber das gerade vorhin Gesagte zeigt ja schon, dass die Christenheit, da sie Israel vom Talmudismus abzu-ziehen, von seinen Irrthümern zu heilen sucht (nach jüdischer Anschauung), mit den Juden immer im Kriege ist. Die Amster-damer Ausgabe hat die ganze Stelle unterdrückt, offenbar aus Furcht; wäre die Stelle mit dem Zusatze „im Kriege" unver-fänglich, so hätten die Amsterdamer nichts zu fürchten brauchen, da es sich ja im eigentlichen Kriege gar nicht vermeiden lässt, auch Unschuldige zu tödten. Damit stimmt, das sich diese Stelle ohne den Zusatz auch in dem berühmten Buch Me-chilta 11 a vorfindet. Deshalb lehrt auch der „Adler", das Gebot „Du sollst nicht tödten" befehle blos keinen Juden zu tödten (Jad chas. 4. 1 Fol. 47 a). Desshalb lehren die Rabbis im Prager Machsor II 34 a, es gezieme sich, die minim auszurotten (hamminim rauj laaqar otham) und im ᵀ 'mud, es sei Recht, die minim (Ketzer) mit den Händen umzubringen (Aboda Z. 4 b Tos.). Wenn auch, wie ich im vorigen Briefe angab, nach einigen Autoritäten keine Pflicht besteht, den Akum, der den Juden uubequem ist, direct zu tödten, so ist es doch immer ein gutes Werk, wenn es geschieht, wo man es thun kann (s. Choschen 425, 5 und Aboda Z. 26); besonders heilig ist die Pflicht des Juden, einen Juden, der sich taufen liess. zu tödten (Joreh deah 158 1 Haga 2 und die Tos. Aboda Z.), wie dies der selige Exrabbi Drach (s. Ro-senthal's Convertitenbilder) erfahren hat. Die „Kinder Noe's", welche nicht zugleich Juden sind, dürfen die sieben Gebote

Noe's studiren, aber nicht die mosaischen; letzteres macht sie des Todes schuldig. wie ich im letzten Brief bereits gemeldet habe. „Jeschurun" gibt dafür in der letzten Nummer eine Bestätigung durch die Bemerkung, dass „sich der Geist der Torah nur mit dem Judenthum vereinigt, und der Nichjude die Torah nicht im Sinne der jüdischen Religion" (d. h. des Talmudismus) „studiert"; er meint auch, ein Kind Noe's sei daher durch das Studium der mosaischen Torah der göttlichen Todesstrafe schuldig; gewiss aber hält Israel, wie obige Stellen genügend beweisen, den des Todes schuldig, welchem Gott die Todesstrafe bestimmt hat.

Die düstere Anschauung, welche der Rabbinismus in Bezug auf die Achtung des Lebens entwickelt, führt uns naturgemäss auf den „rituellen Mord." Dieser Gegenstand erheischt aber eine längere Auseinandersetzung, die in dem heutigen Schreiben nicht mehr Raum hat.

Ich werde also in dem folgenden Briefe darüber sprechen und in einer neuen Ausgabe des „Talmudjuden", die nothwendig geworden ist, das betreffende Material dem ganzen Publicum in gedrängter Kürze mittheilen. Jüdische Anfeindungen werden mich nicht hindern, zu sagen, was ich für wahr halte; ich fürchte weder die Rabbis, noch ihre Genossen in der Journalistik oder sonstwo. Jenen Briefstellern aber aus Israel, die mich versichert. ', dass sie weit entfernt seien, jene grauenhaften Lehren des Rabbinismus zu befolgen, welche den Christen die Nächstenliebe weigern, erkläre ich wiederholt, dass ich an die Existenz einer Minorität auch in Israel glaube, welche aller Achtung werth ist, weil ihr Leben besser ist als ihre Lehre; mögen sich diese fragen, ob nicht das Christenthum durch die grauenhaften Verirrungen des Talmudismus ein glänzendes Zeugniss seiner Wahrheit erhalten hat, und sich erinnern, dass der Kampf, den die Rabbis selber mir aufgedrängt haben, nicht aus Egoismus, sondern durch menschenwürdige Intentionen bestimmt wird, die ich in meinem vorigen Schreiben öffentlich ausgesprochen habe. Die Rabbis aber mögen sich vor allen Uebrigen darüber klar werden, dass sie das Geheimniss von „Schethi veereb" (sie wissen, was ich meine) am ersten erkennen, wenn sie die Bibel ohne den Talmud studieren.

Prag, im Jänner 1883.

Prof. Dr. Aug. Rohling m. p.

Fünfter Brief.

Das Blutritual der Juden.

Auf meine letzten Ausführungen (Tribüne" 16., 17. Jänner) haben Bloch und Delitzsch mit zwei Kundgebungen geantwortet, welche sich wieder nicht anders als Tendenzkritik bezeichnen lassen und desshalb nicht im Stande sind, mich zur Milderung oder Zurücknahme meiner Anklagen zu bestimmen. Die Herren wissen abermals nichts anderes als die schon in sich widerspruchsvolle Behauptung vorzutragen, dass ich ein vollendeter Ignorant und doch ein die Unwissenheit heuchelnder Betrüger u. dgl. sei. Gewiss, sie haben Recht, meine Unwissenheit ist sehr gross und mein Wissen so klein, dass es die Unwissenheit gar nicht aufwiegt. Nur hat mein kleines Wissen in einigen Dingen eine solche Festigkeit und unüberwindliche Sicherheit, dass ich das Leben dafür einsetzen kann. Und zu diesen Dingen gehört eben auch der Talmudismus und was damit zusammenhängt. Meine Gegner sind darüber auch nicht im Zweifel, wenn sie gleich sagen, ich könne nicht einmal das Hebräische vom Griechischen unterscheiden. Aber wesshalb denn schickte mir Bloch aus der Wiener hebr. Zeitschrift „Treuer Bote" seinen hebräischen Artikel über unsere Streitfrage zu? Das setzt doch voraus, dass ich ihn entziffern kann. Die Stelle, welche er aber im „Treuen Boten" für sich anführt, ist nichts beweisend. Sie lautet so: Obschon man (der Jude nämlich) dem Gesetze nach gegen den christlichen Knecht (ebed Akum) Tyrannei üben darf, so haben doch die alten Pietisten (Chasidim) auch mit einem solchen milder verfahren und ihn als ein Thier behandelt, indem sie ihm mit den Thieren zu essen gaben noch bevor sie selbst assen. Es ist aber doch geradezu lächerlich, mit dieser Stelle etwas gegen mich beweisen zu wollen, da sie ja zugibt, dass wir Thiere sind und nach dem Gesetze noch schlimmer als die Thiere behandelt werden dürfen. Das sind also Aeusserungen schlimmer Art, wodurch sich die Juden selbst verrathen. Ferner, wenn ich nicht einmal griechisch und hebräisch unterscheiden kann, warum schicken mir die Juden (auf offener Postkarte) ausser deutschen auch hebräische Spottgedichte und Fluchsprüche zu? Im „Ungarischen Israelit", der mir vorige Woche zuging, steht gleich an der Spitze ein solches hebräisches Fluchprodukt, worin es heisst: Verflucht seist du, böse Geister sind deine Helfer, Feind Israels, du hast unser Land

4

geschändet ... ein Gott der Rache ist Gott, er wird rächen
unser Blut u. dgl. Gestern aber schickten mir die Juden aus
Brody eine hebr. Zeitschrift zu, welche den Titel führt: Ibri
anochi (ich bin ein Hebräer!) Darin steht gleich zu Anfang
ein langes hebräisches Fluchgedicht gegen mich, von fast drei
Spalten. Man sieht also wieder, dass die Leute sich selbst widersprechen. Im Uebrigen ist die ganze Gesellschaft der Bloch,
Delitzsch und Genossen unverfroren genug, sich fortgesetzt
in dreister Leugnung der offenbarsten Thatsachen zu gefallen
und die oberste Regel wissenschaftlicher Discussion, die wahr-
heitsgemässe Mittheilungen verlangt, beharrlich ausser Acht zu
lassen. Ich führe dafür nur ein Beispiel an, um diesen Herren
dann mit ihren zum Ekel stets nur wiederholten Ausflüchten,
Unwahrheiten, Verdrehungen und (nicht einmal originellen)
Schimpfereien den Abschied zu geben und zwei Erklärungen
anzufügen, welche das Publicum vor weiterer Täuschung zu
bewahren im Stande sind.

Als Beispiel für die beharrlich freche Leugnung der Wahrheit nenne ich die wiederholte Behauptung Bloch's und Gen.,
dass ich den Talmud in meinem Leben nicht einmal gesehen
und so denn auch die furchtbare Stelle über den falschen Eid
der Juden (Baba k. 113), die nach meiner Mittheilung in der
fünften (mit amar Samuel beginnenden) Zeile von unten anfängt,
gar nicht anführen durfte; Bloch behauptet dreist, von amar
Samuel stehe nichts in der 5. Zeile. Dieses Beispiel hebe ich
heraus — alles Uebrige ist in der Hauptsache von gleichem
Weith, — weil es durch die Umstände der letzten Tage bedeutsam geworden ist. Es erschienen nämlich bei mir zwei
hochgestellte Würdenträger aus Staat und Kirche, welche sich
in früheren Jahren mit dem Hebräischen soweit beschäftigt
hatten, dass sie einzelne Stellen noch wohl herauszubekommen
meinten. Sie sagten: wer einmal lügt, hat überhaupt den Credit
verloren, desshalb möchten sie die genannte Stelle im Original
von mir vorgelegt sehen und dann etwas zu bemerken sich
gestatten. Ich schlug den Herren also die Stelle auf, sie zählten
sofort die Zeilen und fanden genau, wie ich gesagt, dass die
5. Zeile von unten mit „amar Samuel" beginnt und dann weiter
(mit d'tanja traditio est anhebend) die berüchtigte Sentenz
folgt, dass der Jude selbst vor Gericht betrügen darf. Ebenso
zeigte ich ihnen auf der gleich folgenden Seite unten in den
beiden Schlusszeilen die Worte, dass der Jude, wenn er gegen
einen Juden vor Gericht Zeugniss ablegt, in den grossen Bann
gethan werden soll. Wir nahmen auch noch andere Stellen vor.

Aber, sagten die Herren, es ist genug; wir haben auch kein anderes Resultat erwartet, da Ihre Antworten an die Rabbiner bestimmt genug für die Wahrheit Ihrer Sache sprachen; indess wir suchten diesen Anlass vornehmlich, um offen dem Gedanken Ausdruck zu geben, dass Sie es nicht mit Leuten von wissenschaftlicher Ehrlichkeit, sondern mit literarischem Gesindel zu thun haben, wesshalb sie mit diesen Menschen eigentlich kein Wort mehr wechseln sollten.

Ich stimme diesen Herren völlig bei und begnüge mich daher, nur noch zweierlei zu erklären, bevor ich auf die noch ausstehende und von Freund und Feind geforderte Darstellung des Blutrituals eingehe.

Ich erkläre erstens, dass ich den Wiener Rabbis, welche mich in den Kampf riefen, das Zeugniss gebe, dass ihnen die christenfeindlichen Gesetze des Talmudismus sehr bekannt und geläufig sind, dass sie aber sonst in Talmudicis selbst derlei Blössen offenbaren, dass ich ihnen 5000 Gulden geben will, wenn sie mir einige gewisse Fragen aus dem Talmud richtig beantworten können. Die Antwort muss aber, wie das von einem Rabbi ja mit Fug gefordert werden kann, vor Zeugen sofort gegeben werden, damit sie nicht erst auswärtige Gelehrte fragen können. Ich werde ihre Antwort dann mit einer Beleuchtung versehen und der gesammten fachmännischen Welt übergeben, zum Beweis, dass diese Rabbis nicht einmal vom jüdischen Standpunkt werth sind, die Rabbinatswürde zu bekleiden. Diese Erklärung gebe ich mit besonderem Hinblick auf jene Juden, welche sich in religiösen Zweifeln befinden und im Rabbinismus vergeblich nach Hilfe ausblicken; sie werden sehen, wie wir auch aus jüdischen Büchern beweisen können, dass Jesus ist Christus, der Messias.

Zweitens erkläre ich, dass meine bisherigen Antworten, welche ich auf vielseitiges Verlangen dem Publicum in einer Brochure übergebe, genügende Beweise für die Wahrheit meiner Aufstellungen darbieten und ich daher den Zeitungsstreit über den Talmudismus nicht weiter zu führen brauche. Jetzt aber handelt es sich um etwas Ernsteres, nämlich darum, die Consequenzen zu ziehen. Bloch u. Gen. schickten kürzlich ihre Elaborate an geistliche u. weltliche Standespersonen umher, in der Meinung, ihre kräftigen Behauptungen seien im Stande, für diese Herren Beweise zu ergeben. Aber sie vergassen, dass man gerade in diesen Kreisen nur heiteres Lächeln kennt, wenn die Stärke der Beweise in dreisten Behauptungen gesucht wird. Ich meinerseits will loyaler vorgehen, und ich erlaube mir daher im Bewusstsein der Wahrheit und Wichtigkeit der Sache an die

4*

hohen Regierungen ganz Europa's die ehrfurchtsvolle und dringliche Aufforderung zu richten, den nun öffentlich genug gewordenen Gegenstand vor das Forum aller ihrer in den Eid genommenen und in der Morgenländischen Gesellschaft vereinigten Orientalisten zu bringen, damit diese auf ihren Amtseid sich über die talmudisch-rabbinische Religion erklären, indem ich die Alternative stelle, mich nach den Gesetzen zu bestrafen, wenn meine Anklagen unwahr sind, umgekehrt aber mit Entschiedenheit eine gesetzliche, der Würde und den Interessen der christlichen Völker entsprechende Regelung der Judenfrage durchzuführen. Das Gold der Juden, welches manche mächtige Hand lahm legt, wird entbehrlich sein, sobald die Christenheit nur von der Knechtschaft des Talmudismus erlöst ist; denn in allen Ländern, durch die ich zog von der Adria und dem Ägäischen Meere bis zum Nordstrand und vom Kanal bis zum stillen Ocean, überall hörte ich stets wie aus Einem Munde, dass auch die ärmste Witwe mit Freuden ihren letzten Heller auf den Altar des Vaterlandes bringen werde, wenn einmal das Joch des Talmudismus gebrochen werde.

Um aber meine Anklagen gegen die jüdische Religion in festen Sätzen zu wiederholen, lege ich dem Publicum und den hohen Regierungen hundert Gesetze vor, nach welchen der Jude von Religionswegen gegen Nichtjuden zu handeln hat. Diese Gesetze sind jüngst in einer Schrift von Dr. Justus veröffentlicht worden, und sie sind der Ausdruck auch meiner Ueberzeugung. Dr. Justus selbst ist nicht mit mir identisch, aber seine Sache ist meine Sache. Die Texte, welche er bietet, sind direct aus den Quellen genommen. Zwar kann man ohne Anstand sagen, dass man Celebritäten wie Prof. Eisenmenger und A. mit allem Recht benutzen darf und auf sie fussend den Talmud mit grösstem Nutzen studirt; damit aber die Juden endlich aufhören mit dem lächerlichen Geschrei, man dürfe Celebritäten der gedachten Art nicht einmal anschauen, so ist in den 100 Gesetzen des Judenspiegels von dr. Justus alles, was nicht Originalquelle ist, sogar von jeder Consultation ausgeschlossen worden und also völlig unbenutzt geblieben. Dieses Werk also möge das Publicum recht fleissig lesen und die hohen Regierungen mögen es, wie gesagt, zugleich als Ausdruck meiner Ueberzeugung juridisch streng prüfen lassen. Freilich masse ich mir nicht an, dass hohe Regierungen etwas beachten und der Prüfung werth halten sollen, weil es meine geringe Persönlichkeit für wahr hält; ich hebe nur mich in dieser Sache heraus, damit man eine concrete Gestalt habe und nicht ein wages „man" u. dsgl., sondern ein bestimmtes, in öffentlichen Diensten befindliches Individuum, das

man verantwortlich machen kann, eine ganz genau benannte
Person, die sich auf Eid und Amt für die Wahrheit ihrer Ueber-
zeugungen beruft und Leben und Seele einsetzt, um die christliche
Welt zu bewegen, dass sie den Talmudismus studire und sich
selbst überzeuge, dass durch diese unheimliche Macht die christlichen Staaten national und religiös zerrissen, ruinirt, zu Grunde
gerichtet werden.

Nach diesen Bemerkungen, mit welchen ich Bloch, Delitzsch
und Consorten rundweg als literarische Fälscher erkläre, die
sich nicht scheuen, das gerade Gegentheil des Wahren als Recht
zu bezeichnen, wende ich mich zu dem Blutritual der Juden.
Ich werde zeigen, dass es trotz eines Delitzsch und Con. eines
Ehrenmannes Pflicht ist, selbst auf den Eid den hohen Behörden
über Verlangen derselben zu bezeugen, dass diese Sache ein
Lehrpunkt der rabbinischen Religion ist.

Der Beweis für diese Behauptung stützt sich vor allem
auf die Thatsachen der Geschichte, weil die Abendländischen
Juden die für christliche Hebräisten zugänglichen Texte ihrer
Bücher so eingerichtet haben, dass sich daraus kein stringentes
Argument schöpfen lässt. Würden die hohen Obrigkeiten es mir
ermöglichen, einige Jahre im Orient zuzubringen, so glaube
ich freilich, dass ich auch Texte dieser Art finden könnte.

Indess begnügen wir uns vor der Hand mit Thatsachen,
welche die Geschichte bietet. Ich lege dieselben zunächst nach
den schon erwähnten Artikeln der Civilta vor, welche ein theuerer
und hochbegabter Mitforscher aus römischen Archiven und
anderen Quellen geliefert hat; im Anschluss daran werde ich
noch einige Processacten in besonderen Lieferungen publiciren,
welche das Urtheil mit neuen Beweisen stützen.

1.

Päpstliche Decrete.

Der Rabbi Prof. Giuseppe Levi in Vercelli, Director des
„Educatore Israelita" und Verfasser vieler zum Gebrauch des
Ghetto bestimmter Bücher, schrieb 1872 an die Unita Cattolica
in Turin, dass die Juden sogar durch päpstliche Erlässe von
der Anklage, sie gebrauchten für rituelle Zwecke Christenblut,
freigesprochen worden seien. Levi nannte Gregor IX., der kein
Wort über diese Sache gesagt hat, und Innocenz IV., der
etwas ganz Anderes sagte.
Von Innocenz IV. kommt hier die bei Baronius (ad annum
1247 n. 81) sich findende Bulle vom 3. Juli 1247 in Betracht.

Diese von Levi citirte Bulle wurde an die Erzbischöfe u. Bischöfe Deutschlands gerichtet und auch den Prälaten Frankreichs mitgetheilt. Was sagt nun der Papst? Er geht von der unbestrittenen (im Rabbinismus freilich verdrehten) Wahrheit aus, dass die h. Schrift auch den Juden den Menschenmord u. die Menschenopfer verbietet und er sagt dann, dass nicht wenige Fürsten die Juden fälschlich anklagten, sie ässen zum Osterfest das Herz eines getödteten Kindes; böswillig, sagt Innocenz, werde auch den Juden der Tod eines Menschen imputirt, wenn man irgendwo eine Leiche finde; auf solche und viele andere Erdichtungen hin, heisst es weiter, gingen viele Fürsten grausam gegen die Juden vor, ohne dass diese vor Gericht angeklagt wurden, ein Bekenntniss machten und überführt seien, und so erlaubten sich diese Fürsten gegen Gott u. die Gerechtigkeit die Juden auszurauben, einzukerkern u. zum Tode zu verurtheilen, so dass die Juden schlimmer daran seien als ihre Väter in Aegypten, elendiglich aus ihren Wohnsitzen in's Exil wandern mussten und sich deshalb in der Furcht, ausgerottet zu werden, an die Weisheit des Apostolischen Stuhles gewandt hätten. Wir wollen nicht, schliesst der Papst, dass die Juden, deren Bekehrung der barmherzige Gott erwartet, ungerechter Weise (iniuste) gequält werden, und befehlen, dass ihr euch gütig gegen sie erweiset und nicht duldet, dass sie in Zukunft ungerecht (indebite) wegen der genannten und ähnlicher Ursachen belästigt werden.

Wie jeder sieht, spricht die Bulle nicht zu Gunsten des Rabbi Levi. Sie anerkennt nur, dass die Juden nicht das Herz eines Kindes essen und verbietet ungerechte Bedrückungen u. Belästigungen der Juden, Andichtung von Verbrechen und Verurtheilungen ohne gehörigen Process; ob die rabbinischen Kreise entgegen der Bibel die Lehre von dem Gebrauch des Blutes haben und dieselbe auch zur Ausführung bringen, wird gar nicht erörtert. Daher begreift man denn auch, dass der päpstliche Stuhl selbst den unten darzulegenden Process von Trient vor sein Forum zog und am 20. Juni 1478 das Urtheil sprach, dass die Juden zu Trient den Knaben Simon getödtet und sein Blut für die Osterfeier genossen haben. Sixtus IV. hatte, wie wir sehen werden, für diesen Process den berühmten Panvino, Uditore delle Cause del S. Palazzo, zum Vorsitzenden bestellt. Dieser gedachte in den Verhandlungen auch der Privilegien, welche die Juden von Gregor IX. und Innocenz IV. zu besitzen glaubten, und erklärte, dass diese Privilegien das Processverfahren nicht hindern könnten, weil sie der Unechtheit verdächtig seien, auch dem Wortlaut nach gegen die Processirung keine Rechtskraft besässen, ferner durch das Concil von Vienne als Rescripte im Sinne der Juden offenbar ausgeschlossen seien und richtig verstanden nur die auf Betrug beruhende Verleumdung abwiesen, so dass klar sei, die Intention bei Verleihung solcher Privilegien (wie in der angeführten Bulle Innocenz's IV.) gehe lediglich auf die Abwehr von Verleumdungen und darauf fussender Quälereien. Non obstant, sagte Panvino in der unten noch anzuführenden Berathung, privilegia Gregorii et Innocentii : tum quia non faciunt fidem nec authentica nec sine suspicione falsi, tum quia etiam ad literam intellecta non sunt servanda de iure, tum etiam quia Concilium Viennense talia rescripta aperte improbat, tum etiam quia sane intellecta excludunt solam fraudulentam calumniam. Patet non fuisse intentionem concedentium talia privilegia nisi excludere calumniosas vexationes.

Was Gregor IX. angeht, so las Levi blos im Index des zweiten Bandes von Baronius bei dem Worte „Judaei" die Angabe: Judaei a Gregorio IX. ab iniqua oppresione vindicati. Die angezogene Stelle spricht wie die Bulle von Innocenz gegen ungerechte Bedrängung der Juden. Aber Levi hätte sich durch den Text selbst überzeugen können, dass Gregor so wenig als Innocenz die Juden überhaupt von der Anklage reinigen wollte, dass sie Christenblut gebrauchen. Ja in dem Index des Baronius selbst konnte Levi gleich unter den angeführten Worten finden, wie der Verfasser den Leser auf n. 12 des Jahres 1244 verweiset, wo er ein grausames Verbrechen der Juden an einem Christenknaben mittheilt (crudele ipsorum [Judaeorum] in puerum Christianum facinus). Ueberdies vergass Levi, dass in den vielen Bänden der Annalen des Baronius durch die ganze Geschichte hindurch oft weitläufig von Christenmorden erzählt wird, die von den Hebräern an verschiedenen Orten und in verschiedenen Zeiten aus religiösen Motiven begangen wurden. So erzählen diese Annalen (zu n. 49 Jahr 425), dass die Juden einen Christenknaben kreuzigten, ferner (n. 14 Jahr 614), dass die Juden christliche Gefangene kauften und tödteten, ferner (n. 8 Jahr 1146), dass die Juden in verschiedenen Zeiten mehrere Christenknaben kreuzigten, ferner (n. 79 Jahr 1255), dass die Juden den Knaben Hugo zu Tode marterten; zu n. 18 Jahr 1273 werden grobe Excesse der Juden, zu n. 41 Jahr 1283 und n. 25 Jahr 1286 einige entsetzliche Verbrechen (atrocia facinora) der Juden gegen Christen erzählt; zu n. 18 Jahr 1287 wird gemeldet, dass die Juden in Deutschland aus Religionshass christliche Knaben zu Tode marterten, zu n. 64 Jahr 1303, dass die Juden aus Hass gegen Christum den Knaben Konrad tödteten, zu n. 15 Jahr 1325, dass die Prager Juden einen Christen mit allen Martern, welche Christus leiden musste, peinigten, zu n. 37 Jahr 1475, dass die Juden aus Hass gegen Christum zu Trient einen Knaben zu Tode marterten; zu n. 20 Jahr 1476, dass der Jude Salomon den christlichen Knaben Konrad tödtete und (zu n. 41 Jahr 1510), dass die Juden auf der Folter bekennen, sieben Christenkinder mit Nadeln zu Tode gebracht zu haben. Und so findet man noch viele Stellen solcher Art in den genannten Annalen, weshalb man nicht begreift, wie Levi und andere Juden und Judengenossen so triumphirend auf eine Bulle von Innocenz und anderer Päpste verweisen mochten, die weder die Thatsachen ritueller Christenmorde noch die denselben zu Grunde liegenden Geheimlehren des Rabbinismus in Abrede stellen. Weiteres über diesen Gegenstand bringt Ehrler in Vering's „Archiv f. Krecht". (1880 ff.)

2.

Doctrinäre Apologeten.

Die Anklage der Juden auf rituelle Christenmorde geht durch alle Jahrhunderte. Baronius, die Bollandisten. Pertz's Monumenta Germaniae und andere alte wie neuere Historiker sind Zeugen dafür. Der berühmte h. Agobardus, Bischof von Lyon, theilt die älteren Thatsachen bis zum achten Jahrhundert in seinen Werken „de insolentia Judaerum" und „de Judaicis superstitionibus" mit, und trotz allen Ableugnens von Seite der Juden wie trotz aller Vertheidigungen der Hebräer, welche Christen wie Juden theils bona theils mala fide verfassten, hält sich die Anklage aufrecht. Unter den Vertheidigern, welche wir ohne Anstand als Leute von bona fides ansehen, nennen wir ausser mehreren Protestanten den Bischof Kopp von Fulda wie den Erzbischof von Erlau in Ungarn; und 1865 betheuerte der Minorit P. Bonaventura auf dem Congress der Katholiken zu Mecheln nicht minder in gutem Glauben, dass der Mord von Damaskus aus dem Jahre 1840 nur persönlich den Mördern imputirt werden könne, da kein ernster Mensch irgendwo in der Welt glauben werde, die Juden hielten sich von Religionswegen ermächtigt, Christen zu opfern. P. Bonaventura hat jedenfalls Recht, wenn er die Religion, welche das Menschenopfer verbietet, als die mosaische versteht; aber er irrt, wenn er die rabbinische Idee des orthodoxen Judenthums im Auge hat, von welcher noch jüngst „Jeschurun" in Pest erklärte, dass sie nur dem Juden eigenthümlich sei, indem er schrieb, dass nur der Jude die Torah (Mosi's) im Sinne der jüdischen (i. e. talmudischrabbinischen) Religion studirt. Nicht der Mosaismus, wohl aber der Rabbinismus befiehlt dem Juden den Hass gegen die Nichtjuden und speciell die Christen als eine religiöse Pflicht; der Jude, welcher einen Nichtjuden, wo er kann, nicht tödtet, verletzt ein Gebot der Religion (Maimonides Sefer mizv. f. 85, C. 2, 3 sub tit. Mizvoth lo taaseh).

Zu den Apologeten, welche speziell die Anklage auf rituellen Mord ablehnen, gehört in letzter Zeit der Pariser Grossrabbiner L. Wogue. Wir können ihn nicht unter die Vertheidiger bonae fidei rechnen. In einem Artikel des Univers israélité (1. Mai 1881) über die „Verleumdung des Blutes" schreibt er anlässlich eines gerichtlich nicht erledigten Falles aus Alexandria (Ostern 1881): „Alle Jahre machen die Griechen von Alexandria zu Ostern entsetzliche Demonstrationen gegen die Juden. In diesem Jahre nahmen sie einen Vorwand von dem Verschwinden eines griechischen Knaben (der im Wasser ertrunken war), um ihre fanatischen Orgien zu verdoppeln. Sehet da, meine Brüder aus Israel, die Anklage par eminence, die Anklage ewig u. periodisch, immer neu u. immer dieselbe; die Blutanschuldigung, erfunden eines Tages gegen unsere unglücklichen Väter von irgend einem böswilligen Schwachkopf, die dann so gut ihren Weg machte, dass man sie regelmässig wiederkehren sieht wie den März in der Quadragesima, jetzt hier, morgen da, fast immer in der Nähe der Osterzeit." Nun folgt eine Reihe von Schmähungen gegen die Christen, die Erfinder dieser Verläumdung nach Wogue, der alles leugnet und ohne sich um geschichtliche Thatsachen und authentische Processe zu kümmern nur aus dem Gesetze Mosi's argumentirt. Als ob er auf solche Art nicht auch beweisen würde, kein Jude habe jemals gestohlen oder betrogen! Denn Moses verbietet auch dieses. Und als ob „irgend ein böswilliger Schwachkopf" eine Sache von solcher Tragweite erdichten und durch alle Jahrhunderte Glauben finden konnte! Hiemit sind auch die auf den Mosaismus gestützten doctrinären Gutachten gerichtet, welche noch jüngst gegen die Blutanklage bekannt gemacht wurden; ihre historische Werthlosigkeit wird aus dem Folgenden erhellen.

Allgemeines über die Thatsachen, die Acten und das Factum von Trient, die Folter.

Wenden wir uns jetzt zur Besprechung der Thatsachen selbst. Zwei berühmte Processe liegen hier vor, welche man genau kennen muss. Von beiden haben wir die authentischen Acten in den Händen. Beide wurden mit Beobachtung aller Formalitäten geführt. welche eine rigorose Gerichtsordnung zu beobachten pflegt. Der eine fand 1840 in Gegenwart der Europäischen Consuln zu Damaskus statt, der andere auf Befehl Sixtus IV wegen des seligen Simon von Trient. Die Bollandisten beschreiben tom. IX (24 März) den Martertod des sel. Simon durch Judenhand, aber sie kannten nicht die wichtigen Acten des Processes, welche sich im Vaticanischen Archiv befinden und im Folgenden mitgetheilt werden sollen. Wir bemerken nur noch, dass beide Processe, obgleich in verschiedenen Ländern und in ganz verschiedener Zeit geführt, bis in's Detail die gleichen Beweise für die blutigen Cultideen des Rabbinismus ergeben.

Zuerst denn der Process von Trient. Es hat sich davon ein authentisches Exemplar erhalten, welches zuerst in dem geheimen Archiv des Castel Sant. Angelo bewahrt und dann in den Vatican übertragen wurde. Auf dieses Exemplar machte zuerst Benedict XIV. in seinem Werke De Canonisatione Sanctorum (III, 15. 6) aufmerksam, indem er schrieb: super cuius (B. Simonis) obitu authenticus existit processus in archivio secreto Castri S. Angeli de Urbe, quem Bollandiani ceterique omnes, qui de eo scripserunt, ignorarunt. Diese Acten beweisen nicht blos, was Niemand leugnet, dass die Hebräer den Knaben Simon tödteten, sondern, dass sie es thaten, um einem rabbinischen Religionsgesetz zu gehorchen, aus dem Motiv einer ruchlosen Frömmigkeit und Devotion, die sie verpflichtet, sich des Christenblutes zur Feier des Paschafestes zu bedienen.

Am Donnerstag der Charwoche 1475, der auf den 24. März fiel, verschwand zu Trient ein Kind von 29 Monaten, Namens Simon. Nachdem die Eltern es vergeblich gesucht hatten, wandten sie sich an den Bischof, der zugleich Fürst und weltlicher Souverän von Trient war. Als die Behörde nun die Nachforschung in die Hand nahm, erschienen unaufgefordert die Hebräer mit der Leiche des Kindes, welche sie in einem Wasserkanal, der unterirdisch durch die Keller vieler Häuser und auch der

ihrigen lief, gefunden haben wollten. Sie dachten, das Gericht
werde sie für unschuldig halten, wenn sie selbst den Leichnam
übergäben, den sie sonst ja vergraben oder zerstört oder anders-
wohin gebracht haben würden. Aber ihre Rechnung war falsch.
Denn die Leichenschau ergab, dass der Tod nicht, wie die
Juden sagten, durch Ertränkung, sondern durch Wunden er-
folgt war; die Juden behaupteten nämlich, zufällig die Leiche
in ihrem Kanal gefunden zu haben, wohin sie von der oberen
Strömung gelangt sei. Da der Leichenbefund den Wassertod
ausschloss, suchten die Juden allerlei Kunstdeutungen; selbst
Würmer sollten an der Leiche gefressen und die Spuren der
Verwundungen erzeugt haben. Aber die Juden verwickelten
sich immer mehr in ihren Antworten und wurden deshalb alle
verhaftet, bis sie auf der Folter alles bekannten und zwar alles
übereinstimmend bis auf die kleinsten Einzelheiten. Die Folter
ist freilich in unserer Zeit abgeschafft. Aber will man etwa
sagen, dass kein Bekenntniss auf der Folter glaubwürdig sei,
dass alle auf diesem Wege in der Vergangenheit erlangten
Geständnisse werthlos und alle darauf basirten Urtheile somit
ungerecht waren? Will man sagen, dass die Folter nur Fabeln
und Erdichtungen extorquiren konnte? Wie denn könnten sechs
oder acht Personen, die in Einzelhaft sassen, einzeln verhört
und mit Daumenschrauben oder andern grausamen Mitteln zum
Bekenntniss gezwungen wurden, wie könnten sie alle zumal
eine und dieselbe Fabel mit den auffälligsten Einzelheiten übereinstimmend erfunden und zum Ausdruck gebracht haben?
Sie wurden demnach ihrem Geständniss gemäss alle zum wohl-
verdienten Tode verurtheilt.

4.

Johann v. Feltro im Verhör.

Nachdem wir diese allgemeinen Bemerkungen über die
allbekannte und in vielen Biographien und historischen Werken
dargestellte Thatsache vorausgeschickt haben, kommen wir
zu dem Processe selbst, der andere, bisher unbekannte, sichere
und bedeutsame Dinge zu Tage bringt. Als Präsident und De-
putirter des Fürstbischofs fungirte der Podestà von Trient
Giovanni de Salis di Brescia, Doctor der Rechte, welcher die
verdächtigen Juden verhaften liess, deren Namen bei den einzelnen Verhören der Reihe nach genannt werden. Bevor das Verhör
der Verdächtigen begann, liess der Podestà (Fol. 6 b der Processacten des Vaticans, kurz f. 6 b Vat.) den aus anderen

Gründen in Haft befindlichen Johannes von Feltro vor sich
kommen, einen getauften Juden, der seit etwa sechs Jahren
Christ war. Der Podesta wünschte von diesem zu erfahren,
ob es wahr sei, dass die Juden Christenkinder zu tödten pflegten,
um ihr Blut zu gebrauchen. Johann legte, indem er die h. Schrift
berührte, den Eid ab, die Wahrheit sagen zu wollen, und antwortete, es sei wahr, dass sein Vater Sacheto von Deutschland
ihm vor etwa 15 Jahren mittheilte, dass er vor etwa 40 Jahren
zu Lanzhut (oder: Tunghut. was die Bolandisten „per Tungros"
erklären) in Niederdeutschland wohnte und einige Juden dort
um Ostern ein Knäblein tödteten, um sein Blut zu haben und
sich dessen zu bedienen. Die Sache sei dem Herrn der Stadt
mitgetheilt worden, dessen Namen er nicht mehr wisse. Der
Stadtherr liess dann alle Juden einkerkern, nur einige entflohen,
darunter sein Vater; 45 Juden seien darauf verbrannt worden,
ohne erklärt zu haben. wie und von wem das Kind sei getödtet
worden. Gefragt, ob er als Jude sich je solchen Blutes bediente
und ob er seinen Vater Sacheto es habe gebrauchen sehen
und wie und weshalb: antwortete Johannes, er halte sich nach
seiner Meinung nicht verpflichtet, zu sagen, ob er solches Blut
gebrauchte, dass aber sein Vater im Laufe seines Lebens am
Ostertag der Juden zu Beginn der Mahlzeit (coena) und auch
am folgenden Tage nach dem Osterfest zu Anfang des Mahles
und auch am folgenden Tag von jenem Blut in seinen Becher
that, worin Wein war, und dann den Tisch besprengte und
den christlichen Glauben verfluchte (et quod pater ipsius tempore eius vite in die pasce judeorum ante cenam et etiam in
die sequenti post pascha ante cenam et etiam in die sequenti
accipiebat de dicto sanguine et de illo ponebat in ciato suo,
in quo erat vinum et deinde aspergebat mensam maledicendo
fidem christianorum). Er sagte auch, dass er (der Vater) von
diesem Blut in den Teig gab, aus welchem er Brodkuchen
machte, und dies vor ihrem Osterfest, und diese Kuchen assen
die Juden am Ostertag (dicit etiam, quod de dicto sanguine
ponebat in pasta de qua pasta faciebat fugatias, et hoc ante
festum pasce eorum; quas fugatias ipsi iudei postea comedebant
in dicta die pasce). Und er wusste nicht, weshalb und wie
diese Sachen so geschahen; und er sagte. dass die anderen
Juden ebenso thäten, wie er selbst gesehen und gehört habe
(et dicit quod alii iudei similiter ita faciunt prout ipse vidit
fieri et audivit). und er sagte, dass diese Dinge sehr geheim
unter ihnen geschähen (dicens quod predicta fiunt secretissime
inter ipsos).

So die Aussage des Johannes, die den Gebrauch des

Blutes als eine beständig übliche und gewöhnliche Sache bezeichnet und offenbar keine Spur von Böswilligkeit an sich trägt. Wir werden dasselbe von den Trienter Verhafteten vernehmen, welche überdies über die Weise und den Grund des Ritus etwas anzugeben wissen.

5.
Das Verhör des Israel.

Der Besitzer des Hauses, in welchem der Mord geschah, hiess Samuel, sein Sohn Israel. Israel leugnete anfangs, bis er am 9. April 1475 (Fol. 27a Vat.) Folgendes angab. Machet mich los von dem Strick, sagte er, und ich werde die Wahrheit sagen. Er sagte, dass sich in der verflossenen Osterwoche zwei oder drei Tage vor dem Donnerstag die Juden Moses, Samuel, Angelo, Tobias, Mohar und er (Israel) in den Sälen (in salis, sonst im Process auch: in scholis, in den als Synagoga wie Schule gebrauchten Räumen) zur Morgenandacht befanden und nach Beendigung der Officien unter einander sagten, dass man die Kuchen, welche man am Ostertag zu essen pflege, nicht machen könne, weil Niemand Blut von einem christlichen Knaben habe (inter eos fuit dictum quod non erat modus faciendi fugatias quae comedi solent in eorum die solempni (sic!) videlicet in die pasce, qui erat dies Jovis sequens; et hoc quia nemo habebat de sanguine pueri christiani). Israel gab weiter (Fol. 27 b Vat.) an, dass sein Vater Samuel sagte, man müsse sehen, einen Christenknaben zu bekommen; und es sei unter ihnen bestimmt worden, demjenigen 100 Dukaten zu geben, der einen Christenknaben herschaffe, welchem das Blut abgezapft werde, wie oben gesagt; und darnach gingen sie fort aus den Schulräumen (recesserunt de scholis). Nachdem Israel dann erzählt, wie man den Knaben Simon bekam und marterte, wurde er in's Gefängniss zurückgebracht, am 13. April aber einem neuen Verhör unterworfen über den Grund, weshalb die Juden das Christenblut gebrauchen (Fol. 29 a Vat.). Er antwortete: weil man unter ihnen sage, wenn sie nicht mit diesem Blut die Osterkuchen machen könnten, so seien sie stinkend bei allen — was nach der rabbinischen Idee ohne Zweifel zunächst von moralischem Gestank wegen Nichtbeobachtung des rabbinischen Gesetzes gemeint ist, von dem unwissenden niederen Volk aber auch physisch gedacht sein mag. Gefragt, was dieser Genuss des Christenblutes bedeute und weshalb man es in den Brodkuchen (Mazzen) esse, antwortete Israel: weil es eine

Erinnerung an das Blut ist, das Moses auf Gottes Befehl an
die Thürschwellen der Juden sprengen liess, als die Juden in
Pharao's Knechtschaft waren. Gefragt, genauer die Bedeutung
anzugeben und ob noch ein anderer Grund für den Gebrauch
des Blutes da sei, sagte er, er wisse es nicht. Gefragt, welche
Worte man bei der Marterung des Kindes spreche, sagte er,
man gebrauche die Worte: so that man dem Gotte der Christen, der nicht wahrer Gott ist, und es werden kommen (mit
dem Messias) Männer zu Pferde und auf ihren Kameelen, uns
zu befreien. Bemerkenswerth ist, dass der getaufte Jude Paolo
Medici im 17. Jahrhundert in seinem Werke Riti e costumi
degli ebrei (Torino ed. 6. 1874, p. 154) entsprechend meldet,
dass die Juden am Osterfest sagen: wer Hunger hat, esse hier,
nächstes Jahr im Lande Israel's; so versprechen sich, fügt
Paolo bei, die Elenden jedes Jahr die Freiheit und nie kommt
dieser Tag. Wenn Israel sagte, Männer würden kommen auf
Pferden, so ist dies so viel als: das nächste Jahr bringt den
Messias.

Gefragt, wieviel Blut sie aus den Wunden des Kindes
sammelten, sagte Israel (Fol. 29 b Vat.): anderthalb Teller voll
(unam scutellam cum dimidio), und dass Tobias alles Blut hatte.
Israel sagte auch, dass sie unter sich abmachten, von dem Blut
ihren Anverwandten zu schicken, ohne zu specificiren, welchen
(Fol. 30 a Vat.). Gefragt, wie sie es früher anfingen, Blut für
die Mazzen zu bekommen, sagte er, er habe vor etwa vier
Jahren einen Becher in den Händen seines Vaters gesehen, in
welchem so viel Blut war, dass es den Boden des Bechers be-
deckte, aber es sei geronnen und hart gewesen; und er sagt,
sein Vater habe ihm erzählt, er habe es von einem Juden gekauft, der es aus Deutschland gebracht hätte, aber den Namen
des Juden habe er nicht genannt. Darauf widerrief Israel alles,
was er angegeben hatte, bis er am 19. April alles mit allen
Einzelheiten und kleinen, auch nebensächlichen Umständen von
neuem erzählte und als wahr bekräftigte. Insbesondere (31 b)
sagte er, dass sein Vater vor etwa vier oder fünf Jahren etwa
einen halben Becher voll Blut (circa medium ciatum praedicti
sanguinis) kaufte, aber er wisse nicht, um welchen Preis und
von wem. Am 10. Juni (Fol. 32 a) sagte er, er wisse nicht,
wo Simon's Blut sei, nur habe sein Vater ihm gesagt, dass er
es in seiner Kammer in einem Gefäss weggesetzt habe, und
dass es im Ganzen etwas mehr als ein halber Teller voll sein
könne, was sie sammelten. Er sagte auch, dass er selber ge-
holfen habe, den Knaben zu tödten zur Schande des Christengottes und damit sie das Blutt hätten. Auch gab er an, dass sie

von dem Blut des Knaben Simon nicht in die Mazzen thaten, weil der Donnerstag, an welchem sie den Knaben tödteten, Ostertag war, an dem man keine Mazzen machen dürfe. Ob sein Vater an dem Abend, da sie speiseten, von dem Blut in seinen Becher gethan, wie es zu geschehen pflege, wisse er nicht. Er sagte, dass die jüdischen Familienväter am Passafest vor dem Mahle ein wenig Blut von einem Christenknaben in einen Becher mit Wein gäben und damit den Tisch besprengten, dass auch sein Vater am Osterfest Abends den Tisch segnete und mit Wein besprengte, aber er wisse nicht, ob von dem Blut darin war. Gefragt, wer bei dem Mord zugegen war und denselben begünstigte, sagte er: Moses der Alte, Samuel, Mohar Sohn des Moses, Bonaventura sein Sohn, Vitale, Tobias und er Israel (32 b). Israel wurde hiernach abgeführt und nicht mehr verhört.

6
Das Verhör Vitale's.

Nun kam Vitale an die Reihe (der Name is: ein Anagramm für Levita wie Arbib für Rabbi), den der Process als Factor oder Agent der Brunetta, Mutter Israels, bezeichnet. Vitale wollte anfangs nichts gestehen, bis man ihn durch eine List fing. Man sperrte ihn nämlich in ein Gemach unterhalb der Treppe (Fol. 39 b. Vat.), schloss dasselbe und führte dann den Israel, der um die Nähe Vitale's nicht wusste, an die Thür dieses Gemaches. Hier fragte man ihn, wer bei der Tödtung des Knaben anwesend war; er antwortete: Samuel, Tobias, Vitalis und Israel selbst mit den Andern. Nun liess man Israel nicht weiter reden, sondern führte ihn in seine Zelle zurück, holte Vitale heraus und forderte ihn auf, die Wahrheit zu sagen. Er antwortete, der Podesta müsse zufrieden sein mit dem, was Is schon gesagt habe. Gefragt, was Israel denn gesagt, entgegnete er, der Podesta habe gut gehört, was Israel gesagt. Gefragt, wo das Kind getödtet wurde, sagte er: in der Küche. Gefragt, wie er dies wisse, antwortete er nichts, versprach aber, die Wahrheit zu sagen, wenn man ihn abnehme von dem Strick; man nahm ihn ab und brachte ihn in den Kerker zurück. Dies war am 13. April. Am 14. und 15. April (Fol. 40 a und 41 b Vat.) erzählte er dann genau wie Israel und die folgenden Juden den Verlauf der Abschlachtung des Kindes mit allen auch den kleinsten Umständen, fügte aber am 18. April zu dem, was Israel über die Gründe der Blutthat depouirte, noch unbekannte und unerhörte Einzelnheiten hinzu, die hier Platz haben mögen. Am 18. April (Fol. 41 b Vat.) gefragt, weshalb er das Blut des Knaben haben wollte, sagte er: um es zu haben und es in den Teig zu thun, aus welchem man die Mazzen mache, die am Tage ihrer Ostern gegessen würden. Gefragt, weshalb er den Knaben so gestochen (pupugit) und weshalb sie sein Fleisch so zerrissen (dilaceraverunt) hätten und weshalb sie das Blut eines Christenknaben genössen, antwortete er, er habe es gesagt d. h. er wisse keinen andern Grund, als dass sie das Blut für die Feier des Osterfestes nöthig hätten, weshalb er dann plötzlich auch beifügte, die Juden hätten jedes Jahr Blut von einem Christenknaben nöthig und müssten es in die Mazzenbrode thun (est necesse ipsis iudeis habere de sanguine pueri christiani singulo anno et de illo ponere in fugatiis azimorum) und er sagte, er habe dies von den Alten (a maioribus suis), nämlich von Samuel und von Moses dem Alten, die in Trient wohnhaft seien, und von seinem Onkel Salomon, der zu Monza im Territorium von Mailand wohne, und bei Salomo habe er etwa drei Jahre zugebracht und in dieser Zeit am Ostertag Mazzen mit Blut gegessen, wie oben dargelegt und wie es sein Onkel ihm gesagt. Gefragt, ob er auch im gegenwärtigen Jahre Mazzen mit Christenblut gegessen ha.., sagte er: am heiligen Freitag (Tag nach Ostertag) machten sie Mazzen und Moses und Samuel sagten ihm, dass sie von dem Blut des am Donnerstag geschlachteten Christenknaben hineingethan hätten, und er bemerkte, er wisse nicht, wer das Blut hineingegeben, wenn nicht Bonaventura, der Koch, es gethan habe, der die Mazzen bereitet habe.

Ueber den Verlauf des ganzen Mordes erzählte Vitale am 9. Juni (Fol. 42 a fl. Vat.) wie folgt: Am jüdischen Ostertag, einem Donnerstag den die Christen heiligen Tag nennen, gegen Anfang der Nacht, er wisse nicht genau die Stunde, sei er, Vitales, im Hause Samuels gewesen und in die Kammer gegangen, welche vor der Synagoga sei; dort seien auch gewesen Moses der Alte, Samuel und dessen Sohn Israel, Mohar der Sohn Moses des Alten, Bonaventura der Sohn des Mohar, Bonaventura der Koch und Tobias. Und Samuel band ein Tuch um den Hals eines dort befindlichen Kindes, das Moses der Alte auf einer Bank sitzend auf den Knieen hatte; und dieses Tuch zogen Moses und Samuel fest um des Knaben Hals, damit man nichts höre, wenn er schreie. Und Moses riss mit einer Zange, die er in den Händen hatte, etwas Fleisch aus der rechten Wange des Knaben. So auch that Samuel und Tobias. Mit einem Teller fingen sie das aus der Wange des Knaben fliessende Blut auf, zuweilen Tobias und dann auch hielt Mohar den Teller unter. Und alle, auch Vitalis selbst, hatten Nadeln in den Händen. mit welchen sie den Knaben stachen, dabei gewisse hebräische Worte sprechend, die er nicht weiss, und dann rissen sie mit derselben Zange Fleisch von dem Knaben ab an dem rechten Bein, an der äusseren Seite. Er weiss nicht, wer zuerst oder zu zweit das Fleisch am rechten Bein abriss. Und er sagt, dass auf einem Teller das aus der genannten Wunde fliessende Blut aufge- sammelt wurde. weiss aber nicht mehr, wer den Teller (scu- tella, auch Napf) hielt. Danach nahmen Moses und Samuel auf einer Bank sitzend den Knaben zwischen sich und stellten ihn auf die Füsse. Und sie hielten ihn mit den Händen so aufrecht, dass Moses zur Rechten des Knaben den Fuss fasste, und den rechten Arm ausstreckte, während Samuel zur Linken dasselbe that; auch Tobias, meint der Zeuge sich zu erinnern, hielt die Füsse des Knaben, so dass dieser aufgerichtet und mit ausgestreckten Armen wie ein Gekreuzigter dastand. Und während der Knabe so stand, stachen ihn alle umstehenden Juden mit den Nadeln, welche sie in den Händen hatten, auch Vitale, wie er schon vorher gesagt, und unter dieser Marter starb der Knabe.

Gefragt (Fol. 43 a Vat), mit was für Nadeln der Knabe gestochen wurde, sagte er, es wären gewisse Nadeln (acus de rame), und man zeigte ihm einige Nadeln, aus welchen er eine mit einem Knopf (acum a·pomedello) auswählte, die den ge- brauchten ähnlich sei; es waren Nadeln, die der Italiener spilletti und spilletoni (Stecknadeln) nennt. Gefragt, weshalb sie den Knaben so verwundeten, sagte er, um Blut zu haben, wie er schon gesagt habe, und dass sie stachen und die Arme ausstreckten zum Gedächtniss Jesu (um also auf ihre Art das Andenken an die Kreuzigung Jesu zu erneuern.) Gefragt, ob es zur guten Erinnerung an Jesu sein sollte, sagte er, dass sie es thaten zur Verachtung und Verspottung Jesu des Gottes der Christen und dass sie jedes Jahr das Gedächtniss des Leidens Jesu machten, indem sie jedes Jahr von dem Blut eines Christenknaben in die Mazzen gäben.

7.

Das Verhör Samuel's.

Am 30. März kam Samuel in's Verhör. Zuerst leugnete
er und erklärte mit vielen Schwüren, er und alle anderen
Juden seien unschuldig, das Kind sei in's Wasser gefallen
und ertrunken. Am 3. April (Fol. 48 b Vat.) sagte er: Herr
Podesta, woher habt ihr geiernt, dass Christenblut einen Werth
hat und nützet. Der Podesta erwiderte, er habe es erfahren
von Juden seiner Art, des Samuel. Am 7. Juni (Fol. 49 b.
Vat.) aufgefordert, die Wahrheit zu sagen, erklärte er, die
Wahrheit bekennen zu wollen, wenn blos Se. Magnificenz der
Signor Capitano und Se. Magnificenz der Signor Podesta anwesend sein und ihm versprechen würden, dass er verbrannt,
aber nicht auf andere Weise getödtet werden solle. Man
acceptirte das Verlangen und Samuel erzählte dann weitläufig (Fol. 50 a — 53 a Vat.), wie die Juden unter sich
über die Heranschaffung eines Christenknaben verhandelten,
wie dieser gefunden, gemartert, getödtet, verborgen und endlich
dem Gericht als zufällig in dem Wasserkanal entdeckt angezeigt wurde. Alles wurde im Einzelnen und genau übereinstimmend mit den übrigen Bekenntnissen von ihm mitgetheilt.
Gefragt, weshalb (53. a V.) die Juden den Knaben tödteten
und zu welchem Zweck, sagte er, dass schon seit vielen und
vielen Jahren und er wisse nicht, seit wie langer Zeit als nur,
dass, bevor der christliche Glaube in so grosser Macht war
(in tanta potentia), die gelehrteren Juden in den Gegenden
Babyloniens oder in den benachbarten Orten, wie man sage,
unter sich Rath hielten und übereinkamen, dass Blut von
einem so getödteten Christenknaben viel zum Heil ihrer
Seelen nütze, und dass dieses Blut nicht nützen könne, wenn
es dem Christenknaben nicht extrahirt und der Knabe, während man das Blut extrahire. nicht getödtet werde in der
Form wie Jesus, den die Christen als Gott verehren; und
dieser Knabe müsse sieben Jahre oder weniger sein, und ein
christliches Weib sei nicht gut zum Opfer. nämlich um das
Blut zu extrahiren, denn das Blut eines Weibes auch unter
7 Jahren sei nicht gut. Weil sie dies thun zur Verachtung
und Schande Jesu des Gekreuzigten, so sei es passend, dass
der Mensch. dem das Blut entzogen werde, ein Männliches
und kein Weibliches sei. Und er sagt. die italienischen Juden
hätten hiervon nichts in ihren Büchern, wohl aber sage man

richtig, dass bei den Juden jenseit des Oceans Schriftliches
darüber sich finde und dass unter den andern Juden die
Aelteren und Vornehmeren die Sache als ein Geheimniss unter
sich bewahrten, das einer dem anderen überliefere, und Schriftliches darüber gebe es sonst bei den Juden nicht.
Dieses Bekenntniss Samuel's ist sehr klar. Die Schriften
jenseit des Oceans, welche von dem Blutgeheimniss reden
sollen, werden ältere, nur im Orient vielleicht noch zu findende
Talmudexemplare sein; in den uns bekannten, gedruckten Ausgaben findet sich bekanntlich nichts davon. Denn Stellen wie
Sanh. per. 10 und Abod. Z. per. 1 (Amsterd.) und Sofr. 13,
dass man die Anhänger des Nazareners ausrotten, den Besten
der Gojim oder Akum todtschlagen solle, enthalten freilich
ein religiöses Gebot des Rabbinismus; aber keine Stelle spricht
von dem Blutgenuss, den man als speciell rituellen Gebrauch
des Blutes zu bezeichnen pflegt. In den schwer zugänglichen
Schriften der Kabbaba dagegen finden sich mehrere Stellen,
welche von vielen Juden in diesem Sinne aufgefasst werden
und auch nach ihrem Wortlaut wenigstens andeutungsweise
den Blutgenuss ausdrücken; indess bedarf die Frage über die
schriftliche Darstellung des rituellen Blutgeheimnisses,
die an sich für die Sache nicht entscheidend ist, noch tieferer
Nachforschungen, da selbst viele Rabbiner in diesem Punkt
nichts wissen.

Samuel als Inhaber des Hauses, wo die Juden zum Gebet
sich sammelten, gehörte jedenfalls zu den Angesehensten, wie
er auch von den Alten war. Nach seinem eigenen Zeugniss
war er also einer derjenigen, welche das Geheimniss bewahrten
und forterbten. Wenn man nun einerseits bedenkt, dass die
jüdische Tradition das unschuldige Blut des Messias als
Rettungsmittel der Welt bekennt und anderseits sich erinnert,
wie Moses (Deut. 28, 28.) den abtrünnigen Juden verkündigt,
Gott werde sie mit Wahnsinn und Blindheit und Geistestollheit
(amentia et caecitate et furore spiritus) schlagen, so kann
man sich wohl denken, wie der Rabbinismus, nach Samuel
schon in alter Zeit und in der Gegend von Babel, zu dem
Gedanken kam, Blut unschuldiger Christen könne dem Seelenheil der Juden nützen. Denn hatten und haben sie eine gewisse Ahnung, Jesus als „Messias Sohn Josef's" könne eine
messianische Sendung gehabt haben, so konnten sie in ihrer
Weise calculiren, sie würden durch das Blut eines Christen
auch des Blutes Jesu und seiner Verdienste theilhaftig, jenes
Blutes, das, wie ihnen bekannt ist, die Christen ja im Geheimniss der hl. Eucharistie zu geniessen glauben. Wie indess

5*

der Rabbinismus sich die Sache zurechtlogte, ist zunächst un-
bedeutsam, zumal ja hinreichend bekannt ist, welch' eigen-
thümliche und oft geradezu sinnlose Ideenverbindungen in den
Argumentationen begegnen, welche Talmud und andere rabbinische Schriften darbieten. Fahren wir also fort, aus den ge-
schichtlichen Zeugnissen die Thatsachen zu constatiren.
Gefragt (Fol. 53 b V.), weshalb die Juden das Christenblut gebrauchten, antwortet Samuel weiter, dass der Familienvater am Vorabende ihres Osterfestes, wenn der Teig für die
Mazzen bereitet wird, von dem Blut des Christenknaben nimmt
und' es in den Teig gibt, viel oder wenig, je nachdem die
Hausväter viel oder wenig Blut haben; es genüge, wenn soviel
als ein Linsenkorn hineinkomme. Der Hausvater aber gibt das
Blut in den Teig zuweilen unter den Augen derjenigen, welche
den Teig zurüsten, zuweilen aber ohne dass Jemand es sieht.
Wenn die Teigkneter vertrauenswürdige Leute sind, wird das
Blut in ihrer Gegenwart hineingegeben, sonst heimlich.

Gefragt, wer in den verflossenen Jahren den Teig in
Samuel's Hause bereitet habe, sagte er, seine Diener, und
bemerkte, es könnten Männer und auch Weiber die Mazzen
machen, und, er habe früher heimlich das Blut in den Teig
gegeben, dieses Jahr aber in Gegenwart des Koches Bonaventura.
Er fuhr fort und sagte, dass die Juden das Blut am Ostertage
des Abends gebrauchen, indem der Hausvater sich vor der
Mahlzeit oben am Tische aufstellt, einen Becher mit Wein
nimmt, in diesen Blut von dem Christenknaben gibt und ihn
vor sich hinstellt; und die umstehenden Familienglieder haben
jeder einen Becher voll Wein vor sich. Und mitten auf den
Tisch setzt der Hausvater ein Gefäss mit drei Mazzen, in
welchem Blut von dem Christenknaben ist; in dasselbe Gefäss
geben sie ein weniges von dem, was sie bei der Mahlzeit essen
wollen. Und der Vater taucht den Finger in seinen Becher,
badet ihn in dem Wein, worin das Blut ist, und besprengt
dann mit dem Finger alles, was auf dem Tische steht; indem
er hebräisch die Worte dam, zefardea, Kinnim, arob, deber,
schechim, barad, arbeh, choschech, maschuth bekoroth (Blut,
Frösche, Schnacken, Mücken, Pest, Hagel, Heuschrecken, Finsterniss, Tod der Erstgeburt) spricht, wodurch die 10 Plagen
Aegyptens bezeichnet werden, und dann beifügt, wir bitten
Gott, dass er alle diese Flüche auf jene sende, welche gegen
den jüdischen Glauben sind, womit er (alles nach Samuel's
Bekenntniss) die Christen meint; darnach nimmt der Vater
die drei Mazzen, theilt sie und gibt jedem davon ein Stück.
Hierauf trinkt der Vater seinen Becher mit Wein und ebenso

thuen die übrigen, darnach beginnt man zu speisen. Ebenso verfährt man am Abend des folgenden Tages. Samuel sagt auch endlich, dass er nicht weiss, zu was sonst noch das genannte Blut gebraucht wird. Lehrreich ist es, mit diesem Bekenntniss die Beschreibung der Paschariten zu vergleichen, welche Buxtorf, Bartolocci, Leon Modena, Paolo Medici und andere Archäologen geben. Paolo Medici z. B. l. c. p. 152 erzählt, dass man Abends den Tisch zurichtet, mitten auf den Tisch einen bedeckten Korb (Samuel : ein Gefäss) mit drei Mazzen stellt. Alle müssen nach rabbinischer Bestimmung an diesem Abend vier Becher Wein trinken. Zuvor segnen sie die ganze Tafel und jeder trinkt dann seinen (ersten) Becher Wein. Dann nimmt der Hausvater die drei Brode, zerbricht sie und gibt davon jedem ein Stück, und mit erhobener Stimme rufen sie: dies ist das Brod der Trübsal, welches unsere Väter in Aegypten assen, und hebräisch sprechen sie dann die Geschichte der Knechtschaft und die zehn Plagen und giessen bei Erwähnung der zehn Plagen ein wenig Wein aus (Samuel: der Vater taucht den Finger ein ... und besprengt den Tisch). Der Vater stimmt nun den sechsten Vers des 78. Psalmes an: giesse deinen Zorn aus, Herr, über die Völker, welche dich nicht kennen, und einer von der Tischgesellschaft läuft bei diesen Worten zum Fenster, nimmt den Becher mit dem Wein der Flüche und schüttet ihn auf die Strasse, um so die Verwünschungen speciell über die Christen zu bringen. Im Wesentlichen, sieht man, ist der Pascharitus des 17. Jahrhunderts, den Paolo beschreibt, von dem des 15., den Samuel angab, nicht verschieden. Dasselbe ergibt sich, wenn man die umständlicheren Ausführungen bei Buxtorf (Synagoga iudaica cp. 18), bei Bartolocci (Bibliotheca rabbinica II, 736 ff.) und Basnage (Histoire des Juifs Bd. 6 cp. 4) vergleicht.

Aber weshalb erwähnen Buxtorf, Bartolocci, der Exhebräer Paolo und Basnage nicht des Gebrauches des Blutes dabei? Wussten sie nicht davon oder schwiegen sie absichtlich? Basnage ist in seinem ganzen Werk ein Panegyriker des Judenthums, der sogar die unleugbare Thatsache des Mordes von Trient in Abrede stellt. Gegen ihn und Wagenseil schrieb Bonelli seine „Dissertazione apologetica del B. Simone da Trento" (Trient 1747 in 4⁰). Buxtorf und Bartolocci beabsichtigten blos, die bis dahin den Christen bekannte rabbinische Literatur zu besprechen, worin, wie gesagt, von dem rituellen Blutgebrauch nichts Sicheres zu finden ist. Paolo Medici gebraucht l. c. 153 den Ausdruck, dass man zu den drei Mazzen,

welche in dem besonderen Gefäss aufgesetzt werden, „ein wenig
Staub von einem gut gebackenen Ziegelsteine gebe, um an die
Mühsal Aegyptens zu erinnern", und Leon Modena (Historia
dei Riti hebraici p. 68) bemerkt, dass man ein Gefäss mit
dem Lamme und ein anderes zur Erinnerung an die Ziegelarbeit Aegyptens aufsetze. Wenn diese Schüssel mit „Staub
von einem Ziegelstein" (Paolo) oder „zur Erinnerung an die
Ziegelarbeit" (Modena) identisch ist mit dem Korb, der die
drei Mazzen mit Christenblut enthielt, so stimmt Paolo's und
Modena's Beschreibung mit dem Bekenntniss der Juden von
Trient. Wenn etwas ganz Unschuldiges dabei zu denken ist,
so versteht man nicht, warum die Trienter Juden davon hätten
schweigen sollen, und wie und weshalb dieser bis zur Trienter
Zeit nie erwähnte unschuldige Ritus erst nachher plötzlich
aufkam. Es liegt daher der Verdacht nahe, dass dieser „Zie-
gelstaub" eben getrocknetes und pulverisirtes Blut ist, von
dem Paolo und Modena nicht reden, weil sie als Hebräer
nicht als personae fide dignae, als verlässig genug, galten, um
in das Geheimniss des Blutes eingeweiht zu werden, oder sie
wollten aus Klugheit die Sache blos andeuten und Paolo dann
suo tempore mehr zu sagen; Paolo war ja auch in einer Lage,
wie überhaupt aufrichtig zum Christenthum sich bekehrende
Juden, denen man scharf nach dem Leben stellt; ihm war also
jedenfalls für einige Zeit grosse Vorsicht geboten. —

Samuel (Fol. 55 a Vat.) wurde weiter gefragt, ob die
Juden glauben, das Blut eines so (in Form der Kreuzigung)
getödteten Christenknaben sei eher an einem als an einem
andern Tage zu extrahiren oder ob der Knabe so mehr an
einem bestimmten Tage zu tödten sei als an einem andern.
Er antwortete, dass der Knabe an jedem Tage könne getödtet
und des Blutes beraubt werden, dass aber das Blut besser und
das Opfer Gott angenehmer sei, wenn es in der Nähe der
Osterzeit geschehe. Und Samuel sagte, er wisse das Mitgetheilte
nicht aus jüdischen Schriften, sondern weil er es hörte und
lernte von seinem Lehrer Dawid Sprinz, der die Schule von
Bamberg und Nürnberg dirigirt habe und bei dem er vor
30 Jahren Schüler gewesen sei; er sagte, Dawid Sprinz sei
später nach Polen gekommen und er wisse nicht, ob derselbe
noch lebe oder todt sei.

Samuel wurde dann gefragt, wesshalb die Juden das Fleisch
an Wange und Bein mit einer Zange abrissen et quare in summitate virge perforaverunt, warum sie nicht an anderen Stellen
so thaten und warum sie mit Nadeln marterten. Er sagte, sie
thaten es, damit nicht, wenn die Christen nachher den Leich-

nam fänden, der Gedanke aufsteige, die Juden hätten es gethan,
um das Blut zu haben; man könne aus jedem Theil des
Körpers das Blut extrahiren, sie hätten aber aus dem genannten
Grunde Wange und Bein gewählt, mit Nadeln aber den Knaben
durchstochen zur Verachtung dessen, den die Christen Gott
nennen. Gefragt, wesshalb sie eine Zange und kein Schwert
nahmen, sagte er, weil, wenn die Christen den Leichnam fänden,
der Gedanke entstehen könne, man habe es gethan, um das
Blut zu bekommen, zumal vor etwa zwei Jahren, als ein Knabe
Eissembusch verloren ging und dann gefunden wurde, der Bischof
gesagt habe, man solle zusehen, ob das Fleich an irgend einem
Theil des Körpers Schnitte habe; denn er glaube, dass dann
wohl die Juden es gethan haben könnten, um das Blut zu
haben. Und desshalb wollen denn die Juden nicht mit einem
Schwerte schneiden, sondern lieber mit einer Zange zerreissen.
Gefragt (Fol. 55 b V.), ob er oder jemand von seiner Familie
oder andern von dem Blut des am Donnerstag getödteten
Knaben gebrauchten, sagte er, dass er am Abend dieses Tages
(Donnerstags) von dem Blut in seinen Becher that, dann Wein
zugoss und den Tisch in bereits erwähnter Weise segnete.
Ebenso habe er am Abend des folgenden Tages gethan. Aber
Mazzen hätten sie am Donnerstag nicht gemacht, noch an den
folgenden Tagen; auch wisse er nicht, ob die andern Juden
von diesem Blut etwas gebrauchten.

Samuel sagte weiter (Fol. 56 b Vat.), dass er seit 5 oder
6 Jahren, wo sich Angelo in der Stadt Trient niederliess,
jährlich mit Angelo und zuweilen auch mit Tobias verhandelte,
einen Christenknaben zu tödten und sein Blut zu haben, obgleich
sie nur jetzt dazu gelangten. Und er sagte, dass unter den
Juden und besonders bei den Weisen oder Erfahrenen (periti)
die Rede gehe, das Blut eines Christenknaben nütze viel zum
Heil ihrer Seelen; und wenn man es haben kann, so trachten
sie mit allem Eifer darnach, es zu bekommen, sonst haben sie
Geduld (patientiam d. h. sich in das Misslingen ergebend, da
sie gethan, was sie konnten, um das rabbinische Gesetz zu
erfüllen). Vor etwa vier Jahren, sagte Samuel, habe er zu Trient
eine kleine Glasflasche (einen Zoll breit) mit Blut eines Christenknaben um vier Dukaten gekauft von einem Juden Bär (Ursus
iudeus), der aus unbekannter Gegend kam, aber die Sprache
Sachsens gehabt habe; dieser Bär trug ein Beglaubigungs-
schreiben bei sich, wodurch bezeugt wurde, dass Bär legal sein
Geschäft betreibe und echt sei, was er mit sich führe; auf
Befragen sagte er, dass in dem Schreibem hebräisch unter
anderem gesagt war: „es sei allen bekannt, dass richtig ist,

was Bär bei sich trägt;" unterzeichnet war das Schreiben von Moses de Hol de Saxonia, Oberrabbi der Juden (principalis Judeorum Magister). Bär trug das Blut in einem inwendig verzinnten Gefässe, das Blut war pulverisirt und füllte den vierten Theil einer „amphiale oder mosse"; das Gefäss war mit weissem Wachs verschlossen, worin hebräisch die Worte „Moses Oberrabbiner der Juden" (princ. iud. Magister) eingedrückt waren, und Samuel setzte dann seinerseits, wie er beifügte, unter obige Worte noch „Samuel von Trient", zum Zeugniss, dass auch er den Inhalt als Christenblut beglaubige. Samuel sagt auch (Fol. 57 b Vat.), dass der Knabe, damit das Blut gut sei, in Qualen (in tormentis) sterben müsse. Auch gab er an, dass zwar meistens die Familienväter allein das Blut in ihren Wein mischten und tränken; aber es sei besser und Gott angenehmer, wenn alle Familienglieder davon tränken, wesshalb er, Samuel, auch gewollt habe, dass alle seine Angehörigen von dem mit dem genannten Blut gemischten Wein trinken sollten.

8.
Das Verhör Angelo's.

Der Jude Angelo kam am 8. April in's Verhör (Fol. 70 a Vat.). Er war bei dem Martyrium nicht zugegen, sondern verhandelte blos mit den Andern, wie ein Kind zu bekommen sei, erzählte aber alle Einzelheiten der Tödtung so genau, als ob er dabei gewesen wäre. Er behauptete auch anfangs (warum, siehe unten) gegenwärtig gewesen zu sein und sagte: Alle standen um das lebendige Kind, das auf einem Brett war, nackt und auf dem Rücken liegend, Tobias hielt die Hände, die Arme des Kindes waren ausgebreitet, und er meine, Tobias habe zuerst mit einem gewissen Eisen (er wisse nicht, was für ein Eisen es war) die rechte Wange verwundet, ob auch ein anderer dies that, wisse er nicht; einer, er entsinne sich nicht des Namens, habe unter die Wunde einen irdenen Napf oder Teller (scodella) gehalten, um das Blut aufzufangen aus der Schnittwunde. Samuel, sagte er, habe den Knaben an dem rechten Bein verwundet, nach der Aussenseite, und einer habe wieder auf einem Teller das Blut gesammelt: ob der Teller irden oder von Zinn war, wisse er nicht. Auch wusste er nicht, wer das Kind in summitate virgae verwundete, aber er wusste, dass auch aus dieser Wunde Blut flos und auf einem Teller gesammelt wurde. Und während dies alles geschah, hätten die Anwesenden jeder eine Stecknadel gehabt und den Knaben gestochen bald in den

Kopf, bald in die Arme, bald in die Beine, bald in die Brust, dabei hebräisch sprechend: so mögen vernichtet werden alle unsere Feinde. Angelo sagte auch, er wisse nicht genau, wo, an welcher Stelle und wie oft der Knabe gestochen wurde, ausser dass er selbst einmal in den Kopf gestochen habe, und dass der Knabe gut am Leben war, da sie ihn stachen, wie auch, dass Tobias gewisse Mazzeneisen hatte, mit denen er einmal den Knaben stach.

Man sieht, Angelo's Angaben trafen in Bezug auf das Wesentliche, das durch den Ritus Verlangte, mit den Aussagen der Uebrigen zusammen, während das Accidentelle von ihm auf gutes Glück behauptet wurde, als ob er gegenwärtig gewesen wäre. Gefragt, weshalb er seine Anwesenheit behauptet habe, sagte er, dass er es aus Furcht vor der Folter gethan habe (Fol. 71 b Vat.); und gefragt, weshalb er denn doch angeben konnte, dass der Knabe gestochen wurde, sagte er, gehört zu haben, dass man so zu verfahren pflege, wenn man Blut haben müsse.

Auf die Frage (Fol. 71 a V.), was die Wunde der rechten Wange bedeute, sagte er, dies zeige an, dass Moses mehrmals mit seinem Munde vom Pharao die Entlassung der Hebräer verlangte. Gefragt, was die Verwundung des rechten Beines bedeuten solle, sagte er, dass Pharao und die Aegypter, welche die Juden verfolgten, auf ihren Wegen unglücklich waren, und die Wunde in virga, sagte er, bedeute die Beschneidung der Juden; die Punctionen aber am verschiedenen Theilen des Körpers zeigen an, dass Aegyptens Volk am ganzen Körper geschlagen wurde; das Essen der Mazzen endlich mit Christenblut bedeute, dass die Kraft und der Leib Jesu des Christengottes so völlig durch den Tod vernichtet sei wie dieses Blut in den Mazzen durch den Genuss verzehrt werde. Im Einzelnen wird dieses Bekenntniss so zu verstehen sein, dass man das Kind an der rechten Wange verwundet aus Rache und wie zur Strafe, dass Moses mehrmahl zum Pharao reden musste und nicht sogleich Gehör fand. So auch soll an dem Beine des Kindes gerächt werden, dass Pharao das Volk der Hebräer auf dem Wege zum rothen Meer verfolgte. Und den Schmerz der Beschneidung, den der Jude duldet, soll auch das Christenkind verkosten, wie dieses am ganzen Leibe pungirt wird zur Wiederholung der über alle Theile Aegyptens gekommenen Plagen; ist doch der Christ dem Juden wie ein Heide Aegyptens.

Ueber die Verhandlung der Trienter Juden, einen Christenknaben zu bekommen, sagte Angelo, dass sie am Dienstag und Mittwoch der Osterwoche stattfand und dass Tobias zur Her-

beischaffung des Knaben bestellt wurde (Fol. 68 b, 71 a V.);
er sagte auch (Fol. 69 a), dass die Juden insbesonaere auch
wegen der in Aegypten geschehenen Verwandlung des Wassers
in Blut von einem christlichen (was identisch sein soll mit:
ägyptischen) Knaben das Blut nehmen und davon etwas in den
Mazzenteig thun, und er fügte bei, dass die Juden (Fol. 69 b)
dieses Blut bewahren und zu Staub werden lassen und hernach,
wenn sie ihre Kinder beschneiden, davon etwas auf das Glied
der Beschnittenen streuen. Das Blut eines nicht getödteten
Christenknaben, sagte er (Fol. 72 a), sei für die jüdischen
Ceremonien nicht gut. denn, um gut zu sein (ut valeat), müsse
es Blut von einem Knaben sein, der gemartert und gequält
wurde und in der Marter und Qual müsse es aufgefangen und
inzwischen der Knabe getödtet werden. Gefragt, wie er selbst
in früheren Jahren Christenblut bekommen habe, um es bei
der Beschneidung seiner Kinder zu gebrauchen, sagte er (F.
69 b), er habe sich nicht darum gekümmert, weil Magister
Joseph zu Ripe (Riva di Trento), der seine Kinder beschnitt,
das Blut besitze; wenn sie aber kein Christenblut bei der Beschneidung hätten, fügte er bei, so nähmen sie de bolo armeno
et de sanguine draconis und solcher Blutstaub sei vorzüglich
geeignet für die Schliessung der Wunden und die Stillung des
Blutens in der Beschneidung. Was „de bolo armeno et de
sanguine draconis" bedeutet, mögen die Naturforscher entziffern;
jedenfalls bezeugt Angelo, dass Christenblut für die Beschneidung den Vorzug hat; er sagte auch, dass dieses Blut (als
Staub aufgestreut) für die Beschneidungswunden sehr gut wirke,
schliessend und stillend (Fol. 71 b). Er gestand ferner (F. 72 a),
dass er vor etwa vier Jahren trocknes Blut von einem Christenknaben in der Grösse einer Bohne um vier Liere guter Münze
gekauft habe von einem gewissen Isaak aus Niederdeutschland
aus dem Bisthum Cöln, aus einer Stadt Naus (Neuss); Isaak
sei ein Mann von etwa 30 Jahren gewesen von mittlerer Grösse,
mit einem Bart und schwarzen Hut; er habe das Blutgefäss,
in einem rothen Tuch gehabt, das Blut sei geronnen und Staub
gewesen. Isaak sei von Trient nach Venedig zugereist, am
Donnerstag Abends in Trient angelangt und bis Sonntag geblieben, habe im Hause Angelo's gewohnt und gegessen, und
es sei im Winter vor der christlichen Weihnacht gewesen.
Angelo sagt, er habe, bevor er nach Trient kam, in Castel
Gawerdi im territorium von Brescia sieben Jahre mit Enselino
Lazzari, seinem Oheim, gewohnt. Gefragt (f. 72 b), wie Enselinus sich Blut verschaffte, sagte Angelo, im ersten Jahre, als
er bei Enselino gewohnt, habe der Jude Rizardo zu Brixen

in einem Briefe gemeldet, dass er Blut kaufte und ihm davon
anbiete, und nachher habe Enselino dem Angelo gesagt, er
(Enselino) habe sich mit der Sache (dem Blut) versorgt; und
während der sieben Jahre, da er beim Oheim wohnte, hätten
sie an der Ostervigilie Mazzen gemacht und etwas von jenem
Blut in den Teig gegeben, und Enselinus als Hausvater habe
dies gethan, denn es sei Sitte, dass das Familienhaupt den Blutstaub hineingebe.

Von den gefangenen Hebräern, welche festen Wohnsitz
zu Trient hatten, waren Samuel, Angelo und Tobias Familienväter. Die beiden ersteren beschäftigten sich mit dem für Juden
üblichen Wuchergewerbe. Tobias war Arzt, speciell Chirurg.
Bonelli in seiner schon erwähnten Dissertation über das Martyrium des sel. Simon, welche sich in seinen „Monumenta ec-
*clesiae tridentinae" (Bd. 3, 2. Th. p. 421—463 Collectanea in
Judeos B. Simonis interfectores) befindet, sagt, dass Tobias
unter den Christen sehr grosses Vertrauen hatte (inter chri-
stianos familiarissimus habebatur), während Samuel und Angelo
„satis aequis legibus" unter den Christen zu leben schienen.
So gross war die Vertraulichkeit der Trienter mit diesen Juden
und besonders mit Tobias, dass noch 1474 der sel. Bernardino
da Feltre, wie Bonelli erzählt, öffentlich von der Kanzel seinen
Tadel darüber aussprach und prophetisch verkündigte, kein Jahr
werde vergehen und Gott werde die bösen Werke der Juden
in Trient offenbar machen. Selbst der Bischof war so gut-
müthig, dass er anfangs an die Schuld der Juden gegen Simoncino gar nicht glauben mochte. Vernehmen wir jetzt das Bekenntniss des Juden Tobias.

9.

Das Verhör des Tobias.

Tobias erzählte (Fol. 82 a V.), dass er am Dienstag der
Osterwoche mit Angelo im Hause des Samuel war, als dieser
sagte, die Juden hätten viel Fleisch und sehr gute Fische für
die bevorstehenden Festtage bereitet. Angelo habe beigefügt,
dies sei wahr, aber, um gute Festtage zu machen, fehle noch
eine Sache, und es sei jetzt Zeit, sich diese Sache zu verschaffen, indem er an das Blut des Christenknaben dachte.
Denn Samuel fragte, was es sei, was noch fehle. Und Angelo
antwortete sich umschauend, es sei noch nicht Zeit, davon zu
reden; und er sagte dies, weil einige Bekannte und Kaufleute
(forenses) da waren, von denen er fürchtete, sie möchten es

verstehen; deshalb setzte er hinzu: morgen werden wir uns
wieder versammeln. Aber bevor sie des andern Tages zusammen
kamen, noch am Dienstag, suchten sie einen durch Trient
reisenden Juden für den geplanten Streich zu gewinnen, indem
Angelo, Moses, Samuel und Tobias den jüdischen Kaufmann
(forensem) Lazzaro, der bei Samuel logirte, in die Synagoge
riefen und ihm 200 Dukaten boten, wenn er ein Christenkind
herbeischaffe. Aber Lazzaro wollte sich der Gefahr nicht aus-
setzen, getödtet zu werden, wenn die Sache auskäme, wesshalb
er noch am selbigen Tage Trient verliess, ohne dass man wusste,
wohin er gegangen. Als daher Samuel, sein Sohn Israel, Moses,
Mohar, dessen Sohn Bonaventura, Angelo und Tobias am Mittwoch (Fol. 79 a V.) etwa zwei Stunden vor Sonnenuntergang
wieder beisammen waren, sagte Samuel: morgen ist unser
Ostertag, es wäre sehr gut, wenn wir Blut von einem Christen-*
knaben hätten; und dann wurde Tobias beauftragt, das Blut
zu besorgen.

Man könnte fragen, weshalb sich die Juden von Trient
nicht wie in früheren Jahren mit Blutstaub begnügen wollten,
den sie ja kaufen, rechtzeitig irgendwo (z. B. bei dem früher
genannten Hebräer von Riva) bestellen konnten. Tobias gab
in dieser Beziehung ein neues Moment an, indem er (Fol. 81
a V.) sagte, das Jahr 1475 sei ein hebräisches Jubeljahr und
in einem Jubeljahr müsse man wo möglich durchaus frisches
Blut eines Christenknaben haben (in quo anno iubillei omnino
oportet ipsos habere de sanguine recenti pueri christiani, si
fieri potest); dieses frische Blut, sagte Tobias, lasse man dann
trocknen und zu Staub werden, um davon hernach alljährlich
in die Mazzen zu geben. Ueber die Marter Simon's sagte
Tobias aus (fol. 82 b ff. Vat.), dass Moses der Alte, ohne ein
warum anzugeben, den Rath gab, der Leib des Kindes müsse
mit Nadeln pungirt (durchstochen) werden; es ist so am besten
und schicklichsten, habe er gesagt.

Gefragt, ob die Juden nicht blos für die Mazzen, sondern
auch sonst Christenblut gebrauchten, sagte Tobias (F. 83 a),
man thue auch davon in den Osterwein und er beschrieb dabei
die ganze Ceremonie, wie wir es bereits oben hörten. Gefragt,
ob auch er sich früher des Blutes bediente, leugnete er anfangs, sagte dann aber (Fol. 85 a V.), dass er vor 4 oder
5 Jahren trockenes Blut eines Christenknaben in der Grösse
einer Nuss von einem jüdischen Kaufmann Namens Abram um
einen rheinischen Gulden kaufte, und zwar auf Anrathen Samuel's, der seinen Zweifel, ob es echtes Blut eines Christenknaben sei, durch die Erklärung, es sei echt, beschwichtigte.

Samuel konnte dies sagen auf Grund des Beglaubigungsbriefes, denn er allein oder doch besser als Tobias zu lesen versteben mochte. Tobias sagte auch. dass Abram das Blut in einem rothen Gefässe hatte, dass es geronnen und in Stückchen war und im Ganzen soviel wie die Grösse eines Eies. Tobias fügte bei, dass er das Blut dem Samuel gegeben habe, weil er selbst keinen Ofen zur Bereitung der Mazzen gehabt, und in den vorangehenden Jahren, ehe Abram nach Trient gekommen sei, habe er sich der von Samuel bereiteten Mazzen bedient, der bei Uebergabe derselben erklärt habe: diese Mazzen sind bereitet wie es sein muss, und er, Tobias, habe gut begriffen, dass Samuel sagen wollte, es sei Christenblut darin. Wohin Abram von Trient gegangen sei, wisse er nicht, glaube aber, nach Feltro oder Bassano.

Gefragt, wo und wie die Christenkirder früher getödtet wurden, um ihr Blut zu haben (Fol. 85 a V.), antwortete Tobias, er sei vor 6 oder 7 Jahren in Venedig gewesen, als der Kaiser dort war; und unter den Juden habe es geheissen, es sei ein grosser jüdischer Kaufmann aus Creta in Venedig, der eine grosse Menge Blut von Christenknaben zum Verkaufen bei sich habe, auch eine grosse Menge Zucker; ein Josef Forbes habe ihm auch gesagt. dass er Blut von diesem Kaufmann kaufen wolle, auch andere hätten so gesagt, er aber habe nicht davon gekauft, alle anderen Juden hätten aber nach seiner Ansicht davon gekauft; viele Juden seien damals hinter Kaiser Sigismund nach Venedig gekommen, um Waaren einzukaufen und diese dann nicht versteuern zu brauchen, da sie mit den Wagen des Kaisers befördert werden konnten, indem man sie für kaiserliche Güter ausgab. Tobias sagte, er habe mit dem Cretischen Juden nicht geredet und auch seinen Namen und Wohnplatz nicht gewusst, nur dass man ihn den Zuckerjuden genannt habe und dass er ihn wiedererkenne, wenn er ihn sähe; es sei ein Mann von 44—50 Jahren gewesen, mit schwarzem Bart und schwarzem Hut und Gewand nach griechischer Weise, das bis auf die Füsse ging und eine Kapuzze hatte; der allbekannte Jude Hossar aus Köln, der in Venedig wohne und „der Jude mit dem Barte" genannt werde, habe mit dem Zuckerjuden besonders verkehrt.

10.

Verhör Mose's des Alten.

Wir kommen jetzt zu dem Verhör von Moses dem
Alten. Er hiess der Alte entweder weil er bereits 80 Jahre
hatte oder honoris causa. Anfangs erklärte er sich und alle
Juden für unschuldig, ja er berief sich, genau wie die für die
Ungarischen Juden ausgestellten Gutachten unserer Celebritäten
an heutigen Universitäten zum Beweis für seine Behauptung
auf Moses, der ja (Fol. 85, recte 95 a — es liegt hier ein
Schreibfehler in der Paginirung vor) den Juden den Mord und
den Blutgenuss verboten habe, weshalb ja auch die Juden
Thiere, welche sie essen wollen, mit Durchschneidung der Kehle
so tödteten, dass alles Blut ablaufe. Aber am Sonntag den
10. Juni bekannte Moses selbst ohne Anwendung der Folter
Folgendes. Am Mittwoch, an der Vigilie des jüdischen Osterfestes, fand sich er (Moses) mit Samuel, Tobias und Angelo
in der Synagoge zusammen und sie berathschlagten sich, um
auf alle Weise (de habendo omnino) ein Christenkind zu bekommen. dieses zu tödten und sein Blut zu haben; schliesslich
wurde Tobias beauftragt, das Kind herbeizuschaffen und sie
machten ihm gute Verheissungen. Diese Verheissungen speci-
ficirte bereits Samuel, indem er meldete, dass der durchrei-
sende deutsche Jude Lazzaro und auch ein deutscher Jude
David (Fol. 50 a) sich wegen der Gefahr auf die Sache nicht
einliessen und zum Orangenkauf in den Süden zogen, weshalb
Tobias, weil er mit den Tridentinern sehr vertraut war und
wegen seiner ärztlichen Dienste von allen geliebt wurde, die
Angelegenheit auf sich nehmen musste. Moses erzählte dann,
wie er sich im Hause Samuel's in die Kammer vor der Synagoge begab als das Kind in Samuels's Wohnung gebracht
wurde; dort habe er sich auf eine Bank gesetzt und Samuel
habe ihm das Kind in den Schooss gelegt; er selbst habe dann
mit einer Zange aus der rechten Wange des Knaben gerissen,
ebenso habe Samuel und wie er meine, auch Tobias gethan,
worauf einer der Anwesenden mit einem zinnernen Teller das
Blut aufgefangen habe. Hierauf habe er, Moses mit der Zange
etwas Fleisch aus dem rechten Bein von der Aussenseite gerissen, ebenso Samuel; dann hätten alle Juden mit Nadeln den
Leib des Kindes durchstochen, er selbst habe dies drei oder
viermal gethan und darauf mit einem Messer (coltello), das
man für Fleisch gebrauche und das einen schwarzen Griff

gehabt, den Knaben „in sumitate virgae" pungirt (pupugit).
Moses und Samuel hätten dann das Kind auf der Bank zwischen sich auf die Füsse gestellt, Moses zur Rechten des
Kindes habe dessen rechten Arm ausgestreckt und Samuel
links den linken. Und während so der Knabe wie gekreuzigt
dastand, wurde er von allen anwesenden Juden mit Nadeln
durchstochen, indem einige hebräisch sagten: du sollst so gepeinigt werden wie Jesus der Gott der Christen, und so möge
es allen unseren Feinden geschehen, womit sie die Christen
meinten; und die anderen sagten dazu: Amen. Während aber
dies geschah, starb der Knabe. In diesen Qualen, fügte Moses
hinzu, war der Knabe eine halbe Stunde oder etwas darüber.
Und als er, Moses, wegen seines Alters und seiner Schwäche
das Fleisch mit der Zange nicht recht abreissen konnte, sei er
von Tobias unterstützt worden. Auch hätte Samuel ein Tuch
um den Hals des Kindes gelegt und mit Moses es festgezogen;
und zu allem hätten Samuel, Israel, Mohar, dessen Sohn Bonaventura, Vitale, Bonaventura der Koch und er, Moses, zusammen
gewirkt, Angelo sei bei der Tödtung nicht gegenwärtig gewesen, wohl aber bei der vorangehenden Berathung. Moses
sagte auch, dass man den Knaben) tödtete in Erinnerung an
den Gott der Christen, der also behandelt wurde, und zur
Missachtung und Schande Jesu, und auch um das Blut zu
haben. Dann gab Moses den Gebrauch des Blutes für den
Osterwein an, wie wir es bereits von den Andern hörten; er
fügte bei (Fol. 97 b Vat.), das Blut eines Christenknaben sei
für die Familienväter äusserst nothwendig, entschuldigt sei, wer
es nicht haben könne, aber mehr werde gelobt und gelte als
fester im Glauben (melior in fide iudaica), wer mehr von
dem Blute gebraucht (qui plus utitur de sanguine pueri christiani). Gefragt, wie dies wahr sein könne, da es doch vor
Jesu Leiden keine Christen gab und sich die Hebräer also
damals auch nicht des Christenblutes bedienen konnten, sagte
Moses: wol dies so, aber nach dem Gesetze Moses musste
damals jeder Familienvater mit dem Blut eines makellosen
Lammes die Thürschwellen besprengen, und jetzt gebrauche
man statt dessen das Blut des Christenknaben, das man in
dargelegter Weise trinke. Im Exodus (12, 7) steht freilich,
dass man an die Thürpfosten und Schwellen Blut des Lammes
streiche und dies auf immer (cultu sempiterno) beobachte
(v. 14); indess thun die Juden dies jetzt nicht mehr, indem
sie sagen, diese Ceremonien könne man ausserhalb Palestinas
nicht beobachten: die Orthodoxen, die Observanten befolgen
dafür die rabbinische Grille, Christenblut zu geniessen. Moses

sagte auch, das Blut eines männlichen nicht siebenjährigen
Christen sei nothwendig, das eines Weibes sei nicht gut; auch
das Blut durch Aderlass sei nicht gut; sondern der Knabe
müsse gepeinigt und gemartert werden und in der Marter
sterben, denn Jesus sei ein Mann gewesen und in Schmerz und
Schmah am Kreuze gestorben. Gefragt, wo dies alles in jüdischen Schriften stehe und wer es eingesetzt habe, antwortete
Moses, Geschriebenes darüber hätten die Juden nichts, aber es
werde so bei den Gelehrten und Gesetzeskundigen gesagt und
durch mündliche Ueberlieferung (ex successione memoriae) fort-
gepflanzt. Gefragt, wie viele bei solcher Marter nach jüdischem
Gesetz gegenwärtig sein könnten, sagte er, dass nach dem Rath
der Lehrer Weiber und Kinder unter 13 Jahren nicht gegenwärtig sein, noch es wissen sollen, da sie leicht und ober-
flächlich (faciles et leves) seien und das Geheimniss nicht bewahren könnten. Seit zehn Jahren, sagte Moses auch, habe er
sich selbst nicht bekümmert (Fol. 98 a), Christenblut zu bekommen, weil er bei Samuel seinem Enkel wohnte und kein
Familienvater war; vorher habe er etwa 30 Jahre in Speier
gewohnt und dort immer etwas Blut gehabt von einem Juden
Isaak genannt Rotpoch aus dem Elsass; vor etwa 40 Jahren
habe er in „Sbirterberg" gewohnt und das Blut von einigen
dort ansässigen Juden bekommen, deren Namen er nicht mehr
wisse; und vor 50 Jahren habe er in Mainz gewohnt, wo er
das Blut von dem Juden Sveschint aus Köln bekam, und er
habe das Blut genossen und sich desselben bedient wie er dargelegt habe. Gefragt, wie er an allen jenen Orten gewusst
habe, dass er Blut eines Christenknaben empfing, sagte er,
die Beglaubigungsbriefe der Oberen hätten es bezeugt. Hiemit
war das Verhör des Moses vollendet und das folgende des
Mohar (Fol. 104 b — 106 b) brachte nichts Neues mehr an
den Tag.

11.

Enthüllungen Rabbi Moldavo's.

Bevor wir den substanziell identischen Process von Damascus vom Jahre 1840 mittheilen, müssen wir einer Enthül-
lung des Exrabbi Moldavo aus dem Anfang dieses Jahrhundertes
gedenken. Dieser Rabbi, geb. gegen Ende 1765, wurde 30 Jahre
alt ein Christ des schismatisch-griechischen Bekenntnisses und
publicirte 1803 in moldawischer Sprache ein auch in's Ara-
bische und 1834 in's Griechische übersetztes Büchlein unter

dem Titel; „Untergang der hebräischen Religion", 3. A. übersetzt von Jos. Georgios. Hierin enthült der Verfasser alle Geheimnisse des Blutpascha der Juden. Das Büchlein ist auf die Seite geschafft worden und wäre nicht mehr zu benützen, wenn es nicht von Achille Laurent (membre de la société orientale) seinem Werke „Relation historique des affaires de Syrie depuis 1840—1842" etc. Paris 1846 Bd. II. S. 388 ff. wäre einverleibt worden.

Im ersten Capitel seines Buches sagt Moldavo: Viele Autoren schrieben über die Hebräer und ihre Irrthümer. Aber nirgens fand ich das unmenschliche Geheimniss erwähnt, welches die Juden haben. Und wenn jemand etwas berührt, so sagt er, dass die Juden Christen tödten und ihr Blut auffangen; aber nirgends fand ich, was die Juden mit dem Blute thun. Ich aber, der ich durch Gottes Gnade die hl. Taufe empfing und Rabbi und Lehrer unter den Hebräern war und ihre Mysterien kennen lernte und sie bis zum Tage meiner Taufe geheim hielt, ich will sie jetzt mit guten Beweisen und Zeugnissen zum Nutzen der Christen bekannt machen.

Zuerst muss man wissen, dass nicht alle Juden das Mysterium des Blutes kennen, sondern blos die Rabbiner, die Lehrer und Gelehrten und jene Pharisäer, welche sich Chasidim (Pietisten) nennen, und diese bewahren das Geheimniss auf das tiefste.

Diese jüdischen Mordthaten, fährt Moldavo fort, geschehen aus drei Motiven, zuerst aus dem Motiv des grossen Hasses, den sie gegen die Christen haben. Zweitens zu abergläubischen und zauberischen Zwecken, die sie mit diesem Blut zu erfüllen suchen, indem die Magier auch glauben, es könne für Heilung von Krankheiten dienen. Drittens weil die Rabbiner einen Verdacht, eine Ahnung haben, Jesus könnte der wahre Messias sein, weshalb sie glauben, sich durch dieses Blut retten zu können. Mit letzterem vergleiche man die Aussage der Trienter Juden, das Christenblut nütze ihren Seelen.

Wenn man ein Kind beschneidet, sagt Moldavo S. 387, so nimmt der Weise (Chakam, Lehrer, Doctor, Rabbi) einen Becher mit Wein und mischt darin einen Tropfen Christenblut und einen Tropfen Blut von dem Beschnittenen, taucht den kleinen Finger hinein und führt diesen zweimal in den Mund des Kindes, mit den Worten: ich habe es dir gesagt, „Dein Leben ist in Deinem Blut". Bezieht der Prophet dieses Wort, so denken sie, auf Jesus, so wird der Beschnittene gerettet durch das Blut des getauften Kindes, dessen Blut die Juden vergossen wie das Blut Jesu, in Qualen; bezieht es sich auf

das Blut der Beschneidung, so wird der Beschnittene durch
sein Blut gerettet.

Weiter berichtet Moldavo den Blutgenuss in den Ostermazzen. Ferner sagt Moldavo, dass der Chacam beim Tode eines
Juden das Weisse von einem Ei mit Christenblut mengt und auf die
Herzgegend des Sterbenden sprengt, indem er nach Ezechiel
sagt: ich besprenge euch mit Blut (Ezechiel sagt aber: mit
reinem Wasser) und ihr werdet rein und ich wasche euch von
allen eueren Missethaten. Weiterhin begehen die Juden am
Purimfest (14 Adar, im Februar) zum Andenken an die Befreiung durch Mardochäus einen Mord. Könnten sie einen Christen
bei dieser Gelegenheit tödten, so thuen sie es, mag es ein Mann oder
ein Weib oder ein Kind sein. Aus dem Blut des Todten aber
macht der Rabbi dreieckige Honigkuchen, worin er etwas von
dem Blut des Christen mengt; und haben sie Freunde unter
den Christen, so geben sie diesen von derlei Kuchen etwas zum
Geschenk. Für die Brode des Purimfestes ist Christenblut nicht
gerade nothwendig; es ist dann nur erforderlich, dass die Juden
zum Gedächtniss Aman's einen Christen tödten. Am Purimfest
sind die Hebräer wie ausser sich, es ist ihr Fasching, und sie
suchen jetzt bereits auch ein Christenkind zu erhaschen, welches
sie dann bis zum nahen Osterfest einschliessen, um bald dessen
frisches Blut zu haben. Die Form des Dreieckes aber in den
Honigkuchen ist als eine Verhöhnung der christlichen Trinitätslehre intendirt, einer Lehre, welche doch das alte Judenthum selbst vielfach bezeugt, die aber dem späteren Rabbinismus wegen der darin liegenden Annäherung an das Christenthum
verhasst wurde.

Ich veröffentliche Geheimnisse. sagt Moldavo, welche in
den jüdischen Schriften nicht zu finden sind. Die Familienväter
und Rabbiner theilen sie ihren Kindern mündlich mit, welche
sie unter furchtbaren Fluchdrohungen beschwören, sie auch auf
die grösste Gefahr hin geheim zu halten. Gott ist mein Zeuge,
sagt M., dass ich die Wahrheit sage. Ich war 13 Jahre alt,
als mein Vater mir das Geheimniss des Blutes mittheilte, indem
er mich bei allen Elementen beschwor, es nicht zu verrathen,
auch nicht meinen Brüdern, und indem er wiederholt sagte:
wenn du verheirathet sein wirst, so wirst du, wie gross auch
die Zahl deiner Kinder sei, das Geheimniss nicht allen offenbaren, sondern bloss Einem, demjenigen, der am klügsten,
hoffnungsvollsten und in Sachen der Religion am festesten ist.
Auch verbot er mir, es Frauen mitzutheilen und sagte: nie
mögest du Ruhe auf Erden finden, wenn du das Geheimniss
je verrathen solltest, selbst wenn du Christ würdest.

Also in alter Zeit wie im Mittelalter und im Jahrhundert
der Aufklärung selbst (1803 und wie gleich zu melden 1840)
haben wir dieselben Thatsachen, Zeugnisse, Anklagen und —
elende Vertheidigungsgründe der Rabbiner, wie wir es bei
R. Wogue sahen.

12.

Neue Meldungen aus Aegypten.

Beachtenswerth ist übrigens die unbegreifliche Kühnheit
der Hebräer, welche von hochangesehener Seite in einem Schreiben
vom 2. März 1882 (Civiltà n. 762 p. 738) gemeldet wird, dass
nämlich „die Juden auch türkische Kinder stehlen, sie dann
taufen, die Getauften tödten und deren Blut für ihre Zwecke
aufsammeln“. Im December 1881 schrieb man aus Aegypten
an die Civiltà (n. 763 p. 99), es sei doch auffällig, dass Rabbi
Wogue sich in diesem Jahre so heftig über die Griechen Ale-
xandriens beklage, weil sie gegen die Juden die, wie er betheuert, von den Christen erfundene Blutbeschuldigung erhoben.
Warum, heisst es in dem Schreiben, macht Herr Wogue. in
diesem Jahre so viel Lärm? War er nicht schon voriges Jahr
auf der Welt? War man in Alexandria bloss dieses Jahr in
.ufregung gegen die Juden? Nein, im vorigen Jahre fiel ein
gleicher Fall vor, dass ein Knabe getödtet wurde, aber der
Vater des Kindes, Schiffscapitain in Cypern, war nicht zur
Stelle und das Gold der Juden konnte wieder seine Wunder
thun, indem man einen Schädelbruch (statt des Ertrinkens)
und dgl. fingirte. Das Alexandrinische Judenblatt Trombetta
(2. April 1880) erklärte mit gut bezahlten Aerzten, der Tod
des Knaben sei ein zufälliger und die Verdächtigung der jüdischen Mitbürger, die keinem Menschen Böses thäten, eine
Schande; aber viele Augenzeugen, welche die frische Leiche
sahen, erklärten, dass die Adern an Händen und Füssen wie
am Halse durchschnitten waren, dass sich kein Tropfen Blut
am Boden oder in dem Leichnam befand, dass kein Knochen
zerbrochen und der Schädel intact war. Auch der Correspondent
der Civiltà war unter den Augenzeugen. Und als der Vater
des Kindes von Cypern nach Alexandrien kam, um sein Kind
zu sehen, wurde ihm die Betretung des Ufers untersagt, er
konnte Alexandrien vom Hafen aus sehen und musste dann
zurückreisen. Die Sache wurde 1880 bald unterdrückt. Anders
war es 1881. Ein Rabbi Levi (gleichen Namens wie der schon
Genannte von Vercelli) rief wider alle Wahrheit in der Trom-

6*

betta das Zeugniss von Innocenz und anderen Päpsten auf,
das die Juden von dem Verdacht des Blutes freigesprochen
habe; wir haben über diese Erklärungen der Päpste das Nöthige
bereits gesagt, sie existiren nicht. Im Juni 1881 trat in Alexandrien eine internationale Commission der europäischen Consuln zusammen. Die Majorität sprach sich für die Möglichkeit
eines Verbrechens aus; die Minorität erklärte, die Möglichkeit
eines zufälligen Todes sei ausgeschlossen, das Verbrechen sei
sicher und grosser Verdacht falle auf die jüdische Familie
Baruch. Wir erwähnen diese und ähnliche Vorgänge, weil sie
ohne Zweifel zu denken geben, wenn auch die gerichtliche
Procedur in derlei Fällen nicht immer so zu Stande kommt,
dass juridisch alles klar gelegt wird. Solche Klarlegung der
Verhältnisse, auf die wir unser öffentliches, auch gerichtlich
unantastbares Urtheil stützen, liegt freilich auch nicht für jene
merkwürdigen Annoncen vor, welche man in den letzten De-
cennien so oft in jüdischen Blättern liest, Annoncen, welche
„koscheren Wein, echtes Paschamehl, echten Osterwein, mit
dem Certificat des Grossrabbi", des „Oberrabbi" und dergl.
(s. 16. März 1882, Archives israélites und viele Bl.) anzeigen.
Wir wollen in solchen Fällen nur fragend schreiben und die
Oeffentlichkeit bitten, sich bewusst zu werden, ob nicht, wenn
ähnliche Dinge in einer Christlichen Gemeinschaft zu Tage
träten, Massregeln gefunden würden, die volle Klarheit auch
in zweifelhafte Verhältnisse brächten.

13.

Leben und Tod des P. Thomas.

Kehren wir aber von Fällen dieser Art zu den evidenten
Thatsachen des Gerichtssaales zurück. Es liegt uns in dieser
Beziehung noch ob, den Process von Damaskus mitzutheilen,
in welchem die Ermordung zwei Erwachsener constatirt wurde.
Er ist schon oft besprochen und dargelegt worden; aber me-
minisse iuvat.
Die italienische Uebersetzung des Laurent'schen Werkes
von G. B. da Mondovi (3. ed. Marseille 1852) enthält eine
kurze Lebensbeschreibung des in Damaskus ermordeten P. Thomas, aus der man sieht, dass der Getödtete ein heiligmässiger
Mann war. Geboren um 1780 zu Calangianno in Sardinien,
wurde Thomas früh von den Eltern zum Apotheker bestimmt.
Er hatte sich sechs Jahre mit der Pharmacie beschäftigt, als
er sich entschloss in den Orden der Capuciner zu treten. Aber

der geistliche Beruf hinderte ihn nicht, den medizinischen Studien Aufmerksamkeit zu schenken; im Gegentheil er betrieb dieselben fleissig und wurde auch in dieser Beziehung ein tüchtiger Mann. Um 1807 für die orientalische Mission bestimmt, reiste er nach Damaskus, wo er bis zu seinem Tode 1840 als Arzt für Leib und Seele die grössten Erfolge hatte. Christen, Türken und Juden rühmten gleichmässig die Tüchtigkeit wie die Liebenswürdigkeit des Paters. Die Armen suchten ihn, weil er nichts von ihnen verlangte, die Reichen, weil sie ihm unbedingtes Vertrauen schenkten. Sein Wohlwollen gegen die Juden war besonders gross; ihre Seelen durch Wohlthun für Gott zu gewinnen, war ihm ein grosser Herzensdrang. Alle nannten ihn einen heiligen Missionär. Als ein pflichtvergessener Christ einst seine Mitwirkung zum Abschluss einer unstatthaften Ehe begehrte und den Widerstrebenden mit dem Tode bedrohte, bot P. Thomas seinen Nacken dar und erklärte, er sei bereit zu sterben, aber nicht, seine Pflicht zu verletzen. Als die Pest Damaskus verheerte, schloss er sich mit den Kranken ein. Er scheute weder Mühe noch Opfer für das Wohl seiner Mitmenschen. Die Verehrung des Mannes war daher allgemein. Selbst Scheriff Pascha, der türkische Statthalter, welcher nachher den Process gegen seine Mörder führte, ehrte ihn als Freund und pflegte den Seinigen zu sagen, dass sein Haus für P. Thomas stets offen stehe und der Pater gehen könne, wo er wolle.

Dieser heiligmässige, den Juden so wohlgeneigte Mann fiel durch Judenhand. Am Abend des 5. Februar wurde Thomas gerufen, ein jüdisches Kind zu impfen. Der Pater kam sofort; und da er fand, das Kind sei zu krank, die Vaccination zu ertragen, wollte er nach Hause gehen. Eben wollte er an der Wohnung des David Harari, seines Freundes, vorüber gehen, den die Christen den frömmsten Juden von Damascus, einen christlichen Juden zu nennen pflegten, als dieser gute Freund ihn einlud, einen Augenblick bei ihm einzutreten. Arglos ging der Pater in das jüdische Haus und fand dort zwei Brüder und einen Oheim Davids nebst zwei angesehenen Juden der Stadt. Diese alle stürzten sich sofort auf ihn, stopften ihm ein Tuch in den Mund, banden ihm Hände und Füsse und brachten ihn in eine von der Strasse abgelegene Kammer, wo sie ihn liessen, bis die Nacht gekommen und die Vorbereitungen zum Morde getroffen waren. Nun kam auch ein Rabbiner oder Chakam. Man rief den jüdischen Barbier Soliman und befahl ihm, dem Pater den Hals zu durchschneiden. Aber Soliman hatte nicht das Herz. Da nahte sich der gute, fromme

Freund des Paters David Harari und durchschnitt ihm selbst mit einem Messer die Kehle. Indess die Hand zitterte ihm und er konnte das Werk nicht vollenden, weshalb sein Bruder Aaron ihm half, während Soliman den Pater am Barte festhielt. Das in einem Gefäss aufgefangene Blut wurde dann in eine Flasche geschüttet und dem Grossrabbi (Oberrabbiner) übergeben. Dann zog man die Leiche aus, verbrannte die Kleider, zerschnitt die Glieder in kleine Theile, zerstampfte die Knochen in einem Mörser und warf alles in eine Kloake, hoffend, auf diese Weise die ganze Sache auf ewig begraben zu haben. Inzwischen beunruhigte sich Ibraim Amarah, der christliche Diener des Paters, dass sein Herr, obschon es Nacht war, nicht zu Hause kam. Da er wusste, dass der Pater in's Judenviertel gegangen sei, begab er sich dorthin, ihn zu suchen. Aber er fand dasselbe Loos, indem ihn die Juden ermordeten, darunter auch Rabbiner, welche um Blut für das „süsse Brod" (s. unten) des Purimfestes zu haben, zusammen gekommen waren. Die Mörder des Paters hiessen David Harari, Aaron Harari, Isaak Harari, Josef Harari, Josef Legnado, Moses Abu Elafieh Rabbiner, Moses Bokor Juda von Saloniké Rabbiner, Soliman Barbier. Die Mörder des Dieners waren Mehir Farkhi, Murad Farkhi, Aaron Stambul, Isaak Picciotto, Aslan Farkhi, Jakob Abu Elafieh. Josef Menahem Farkhi, Murad Elfatahal. Zwei von diesen 16 starben während des Processes, nämlich Josef Harari und Josef Legnado. Vier wurden begnadigt, weil sie Enthüllungen machten, nämlich Moses Abu Elafieh, der Türke wurde und dann Mohammed Effendi hiess, Aslan Farkhi, Soliman und Murad Elfatahal. Zehn wurden zum Tode verurtheilt von Scheriff Pascha.

Am 6. Februar kam das Volk früh in die Klosterkirche, um nach Gewohnheit die Messe des Paters zu hören. Da man ihn nicht fand, entstand Unruhe. Man wusste, dass der Pater am vorigen Abend im Judenviertel gesehen wurde, und, als er noch immer nicht zum Vorschein kam, erinnerte man sich, dass bereits früher Christen im Judenviertel verschwunden waren, obgleich es gelang, die gerichtliche Untersuchung, nachdem sie kaum eröffnet, alsbald wieder einzustellen. Diesesmal gelang es den Juden nicht, den Process zu verhindern. Der französische Consul war der erste und eifrigste Europäer, der die Untersuchung forderte. Soliman wurde zuerst verhört und seine Confrontation mit andern von ihm genannten Juden führte schnell zur Entdeckung der Kloake, worin die Ueberreste des Paters lagen. Verhört und überführt von den europäischen Consuln wie von den türkischen Behörden wurden die Juden

schuldig gesprochen und zehn, wie gesagt, zum Tode verurtheilt, die Acten des Processes aber von dem französischen
Consul an das auswärtige Amt von Paris geschickt und
von Laurent a. a. Orte unter dem Titel Affaires de Syrie
publicirt. Das Todesurtheil wäre sofort vollzogen worden, wenn nicht
der franz. Consul Herr v. Ratti-Menton vorgeschlagen hätte,
den Process zur Bestätigung an Ibrahim Pascha, den Gene-
ralissimus der türkischen Truppen in Syrien, zu schicken. Dies
rettete den Verurtheilten das Leben. Inzwischen hatten nämlich
die Europäischen Juden Cremieux, Exminister der Justiz in
Frankreich und Präsident der Alliance universelle israelite, und
Moses Montefiore, jetzt Pair von England, Zeit gefunden, als
Delegaten der Alliance in den Orient zu reisen. Diese präsen-
tirten dem egyptischen Vicekönig Mehemet-Ali (zugleich, wie
sich denken lässt, mit etwas Gold) eine Supplik um Revision
des Processes, genau wie vor 400 Jahren die Juden von Trient
(s. u.). Sie erlangten, was sie wünschten, nur, dass Mehemet
Ali das lange Processiren nicht liebte und (ohne freventliches
Urtheil darf man es sagen) überwunden durch jüdisches Gold
die Verurtheilten „begnadigen" wollte. Aber Moses Montefiore
und Cremieux hassten das Wort „Begnadigung". Es setzt ja
die Schuld voraus, Mehemet-Ali strich also aus seinem Ferman
das Wort „Begnadigung" und schrieb also: „auf Ersuchen des
Herrn Moses Montefiore und Cremieux, die als Delegaten der
europäischen Bekenner des Mosaismus" (recte: Rabbinismus)
„zu uns gekommen, haben wir erkannt, dass sie die Befreiung
und Sicherstellung" (nicht: Unschuldigerklärung) „jener Hebräer
begehren, welche eingekerkert oder flüchtig sind wegen der
Affaire des in Damaskus im Monat Zithidie 1255" (türkische
Rechnung) „mit seinem Diener Ibrahim Amarah verschwundenen
P. Thomas. Und da es in Rücksicht auf die grosse (hebräische)
Volkszahl nicht schicklich wäre, diese ihre Bitte abzuschlagen"
(von Unschuld der Angeklagten ist gar nicht die Rede), „so
verordnen wir, dass die Gefangenen in Freiheit gesetzt werden
und die Flüchtigen ruhig zurückkehren können. Dies ist unser
Wille." So musste denn Scheriff Pascha am 5. Sept. 1840 die
in aller Form Verurtheilten frei geben. Immerhin aber hatte
Mehemet-Ali die Gefangenen nicht als schuldlos erklärt, sondern er liess blos die (wohl verdiente) Strafe nach. P. Thomas
war übrigens „aus Damaskus" nicht verschwunden, da man ja
seine Reste in der jüdischen Kloake fand, worauf man am
2. März 1840 in der Kirche der Observanten des Kapuziner-
ordens die feierlichen Exequien hielt und die Reste auf dem

Kirchhof der Patres beisetzte mit einer noch heute erhaltenen arabischen und italienischen Inschrift auf dem Grabstein: „Hier ruhen die Gebeine des Apostolischen Missionärs P. Thomas aus Sardinien, der am 5. Februar 1840 von den Juden ermordet wurde."

14.

Aussagen über das Blut u A. in Damaskus.

Der Process vor Scheriff Pascha wurde am 7. Februar 1840 durch Ratti Menton anhängig gemacht. Am Freitag den 25. wurde Murad Elfatahl von dem franz. Consul verhört und gefragt (Laurent. II., 31): „Was thut man mit dem Blute?" Antwort: Es dient für das Fest der Mazzen. Woher weisst du das? Ich habe es sagen hören, dass man das Blut für die Mazzen gebraucht. Der türkische Officier Hassey Bey fragte: Da du das Blut nicht gesehen hast (der Gefragte hatte nämlich nicht den Pater, sondern dessen Diener ermordet), wie weisst du, dass man es für die Mazzen gebraucht? Man sagte es mir. Isaak Arari sagte aus (ib. p. 38): wir tödteten den Pater, um das Blut zu haben, welches wir dann in einer Flasche dem Rabbiner Moses Abu Elafieh übergaben; die Sache war nothwendig für einen religiösen Zweck, da wir des Blutes für die Erfüllung unserer religiösen Pflichten bedurften. Wozu dient das Blut in euerer Religion (p. 39)? Es ist für unsere Mazzen. Vertheilt man das Blut unter die Gläubigen? Sichtbarlich nein, man gibt es den Hauptrabbinern. — Aaron Arari wurde gefragt, wesshalb er das Blut nicht für sich behielt statt es dem Rabbiner zu geben (p. 43). Er antwortete, weil der Brauch es wolle, dass man es bei dem Rabbiner bewahre. — David Arari wurde gefragt, wesshalb er den Pater getödtet habe (p. 44). Antwort: wegen des Blutes, weil wir es nöthig haben für die Feier unseres Cultus. Isaak Arari gab dieselbe Antwort und sagte auch, das Blut müsse bei den Rabbinern sein. Rabbi Moses (p. 44) sagte aus, Rabbi Jacob el Antabi habe mit der Familie Arari und den andern Juden um eine Flasche Menschenblut accordirt, wie er selbst ihm gesagt; die Araris hätten versprochen, das Blut zu liefern, sollte es auch 100 Bursen (à 500 türkische Piaster) kosten. Gefragt, wozu das Blut gebraucht werde, sagte er, es komme in die Mazzen, aber nicht für Alle, sondern für einige eifrige Personen (d. h. am Purimfest machen die jüdischen Notabeln dreieckige Honigmazzen, die sie christlichen Freunden schenken, siehe unten);

an der Vigilie des Festes brächten die eifrigen Personen Mehl für die Mazzen, in welche der Rabbi das Blut hineingebe, um dann die Brode oder Kuchen den Mehllieferanten zu überreichen. Er sagte auch, Rabbi Jacob habe ihm mitgetheilt, dass er von diesen Mazzen nach Bagdad schicke, von wo briefliche Bestellungen an ihn gelangt seien. Auch theilte er mit, dass er gerathen habe, den Pater gehen zu lassen, da man ihm nachfragen werde, aber man habe ihn tödten wollen. — David Arari (p. 48) sagte aus, der Rabbi Jakob habe den Araris geäussert, er müsse Menschenblut für das Fest haben und man solle den P. Thomas kommen lassen.

M. Abu Elafieh, der Türke wurde, sagte aus (p. 49 ff.), Rabbi Jacob habe ihm geäussert, er müsse Menschenblut haben, um die Pflichten der Religion zu erfüllen; das Blut diene für die Mazzen, und oft hätten ja die Regierungen die Juden auf solchen Verbrechen ertappt; auch melde das jüdische Buch Sadat Adarkut von vielen solchen Thatsachen, obgleich der Verfasser sage, es seien Verleumdungen. Am 14. März fragte man ihn in Gegenwart des französischen Consularkanzlers Beaudin, Scheriff Pascha's und des Rabbi Jacob, was der Talmud und die jüdische Religion über die Nichtjuden lehre. Er antwortete, die Nichtjuden seien Bestien und Vieh; schon Vater Abraham habe ja, als er zum Opfer Isaak's ging, zu den zwei Dienern gesagt: bleibet hier mit dem Esel, während mein Sohn und ich weiter gehen, woraus der Talmud schliesse, die Nichthebräer seien Esel. Rabbi Jakob erklärte, das Citat sei richtig. Dann brachte man aus der Bibliothek des Exhebräers Muhammed Effendi viele hebräische Bücher heran. Gefragt (p. 55), was die in diesen Büchern befindlichen Lücken, die nicht ausgefüllten Stellen, bedeuten sollten, sagte der Rabbi, hier habe man den Namen Jesu und ihn Betreffendes zu ergänzen. Gefragt, ob man denjenigen tödten dürfe, der den Sabbat nicht halte, sagte Rabbi Jacob, ja, wenn es ein Jude sei; und Muhammed Effendi fügte bei, man dürfe auch die Nichtjuden tödten, weil sie Bestien seien und der Talmud lehre, jeder Nichtjude, der den Sonntag heilige, müsse getödtet werden.

Muhammed wurde gesagt (57), das Blut sei für die Mazzen, aber das Blut werde doch von den Juden für unrein gehalten, es sei also ein Widerspruch da. Er antwortete, nach dem Talmud seien zwei Arten von Blut Gott angenehm, das Blut des Pascha und der Beschneidung. Rabbi Jakob bestätigte es. Da man bemerkte, man verstehe noch nicht recht, wie der Gebrauch von Menschenblut den Juden erlaubt sein könne, antwortete Muhammed, dies sei das Geheimniss der Oberrabbiner, welche diess wüssten und die Weise, das Blut zu verwenden, verständen. Diese Bekenntnisse zeigen wieder deutlich, dass die Juden für rituelle Zwecke Blut gebrauchen; aus Unwissenheit oder Bosheit gaben die Angeklagten nicht genau an, wie es sich mit dem Blute für die Purimkuchen und die Ostermazzen verhält; dies wird uns der Exrabbi Moldavo deuten. Auch das Blut von dem Diener des Paters wurde (p. 152. 155) dem Rabbiner übergeben. Da Murad Elfathal dem Mehir Farkhi in's Angesicht den Mord des Dieners Ibrahim vorwarf (p. 197), antwortete dieser: Bist du einer von den Eingeweihten der Religion? Kennst du die Geheimnisse, wie wenn ich dir dieselben mitgetheilt hätte, ohne etwas zu verbergen? Als darauf der Pascha fragte, wem man denn die Geheimnisse mittheile, sagte Mehir, dieser ist kein Mensch, dem man die Geheimnisse mittheile und er kann desshalb nichts von den beiden Morden (des Paters und Ibrahim's) wissen. So entzog er sich der Consequenz seiner übereilten Frage an Murad, die den Mord der beiden Christen offenbar als ein besonderes religiöses Geheimniss erkennen lässt.

Scheriff Pascha hatte einen besonderen Eifer, sich von dem Exhebräer Muhammed die hebräischen Texte übersetzen zu lassen, welche von dem Hass der Juden gegen die Christen handeln, Uebersetzungen, welche Rabbi Jakob für richtig erklärte und die dem Process eingefügt wurden. Einige Sätze mögen davon hier Platz haben. Auf die Frage des Pascha, was ein Jude verdiene, der etwas seinem Volke Nachtheiliges sage, antwortete Muhammed, er verdiene den Tod, er müsse ohne Erbarmen getödtet werden, der Talmud kenne für ihn keine Gnade, hierauf stütze sich die Religion und desshalb habe er die Wahrheit nicht sagen können, bevor er Muhammedaner geworden sei. Rabbi Jakob bestätigte es und sagte: wir wirken dahin, dass ein solcher Jude durch die Regierung umkommt oder durch unsere Hand, wenn wir können. Muhammed sagte: gut, aber wenn die Regierung nicht einwilligt, ihn zu tödten? Jakob: so thun wir nach den Umständen das Mögliche, ihn zu tödten, denn dies will unser Glaube. Rabbi Jakob bezeugt auch in einem von ihm geschriebenen Buche, das die Juden hochschätzen, der jüdische Arzt solle den Nichtjuden nicht behandeln, ausser er könne ihm schaden, und dann solle er sich bezahlen lassen, auch könne sich der jüdische Arzt an dem Nichtjuden medicinisch üben (experimentirend in anima vili). Ferner wurde deponirt, dass der Jude des Todes schuldig sei, wenn er einen Juden beim Nichtjuden denuncire; einen solchen müsse man aus der Welt schaffen, und die Kosten für den Mord hätten die am Thatort wohnenden Juden zu tragen. Auch dies wurde von Rabbi Jakob bestättigt. Die Uebersetzung hebräischer Texte dieser Art war den Juden sehr unlieb, der österreichische Viceconsul Merlato, wahrscheinlich selbst ein Jude, schlug daher durch einen Protégé dem franz. Grafen Ratti Menton und Herrn Chubli, einem Mitglied des Tribunals des Pascha, vor, dahin zu wirken, dass die Uebersetzung hebräischer Bücher in dem Process eingestellt werde, da sie für die (hebräische) Nation demüthigend sei, sowie dass man die bereits gemachten Uebersetzungen nicht den Acten einverleibe; zugleich erbat er die Freilassung des einen Farkhi und für alle Verurtheilten die Umwandlung der Todesstrafe in eine andere. Die Juden boten, wie Graf Ratti-Menton dem Scheriff Pascha schrieb, für die Erlangung dieser Punkte 500.000 Piaster an, die Chubli nach Ermessen vertheilen solle. Aber die Proposition wurde abgelehnt; dann boten sie durch einen Christen dem Kanzler Beaudin 150.000 Piaster, wenn er sorge, dass die Juden von der Anklage loskämen, und wenn es nicht genug sei, wollten sie die Summe noch erhöhen. So der französische Graf. Der Pascha liess diese Mittheilungen des Grafen juridisch untersuchen, fand sie richtig und reihte alles in die Acten ein. Diese Vorschläge seitens der Consuln waren von den Juden schlau geplant. Die beiden Opfer standen unter dem Schutz des französischen Consulates, die sämmtlichen jüdischen Mörder aber, Toscanesen und meist Livornesen, unter Merlato, dessen Consulat voll von jüdischen Beamten war, wesshalb sich auch speciell Isaak Picciotto im Vertrauen auf die jüdischen Beamten des österreichischen Consulates sehr übermüthig bei den Verhören benahm. Merlato selbst war von der Schuld der Juden überzeugt, wie aus seinem Brief an den österreichischen Consul in Beirut hervorgeht, der sich bei den Acten (Laurent 2, 289) befindet, wesshalb er auch officiell dem Pascha (ib. p. 285) alle Vollmacht ertheilte, die unter österreichischem Schutz stehenden Hebräer einzukerkern und zu verhören; und am 2. März 1840 schrieb er an Ratti Menton, er habe den Picciotto in Verdacht, schuldig zu sein, weil derselbe schlechte Geschäfte mache und vielleicht mit Blut handeln und dies in anderen Ländern verkaufen wolle. Am 20. April aber wurde Merlato anders gerichtet; denn (Laurent l. c. 291) der österreichische Consul von Alexandrien schrieb ihm, dass der Vicekönig die Sache vor sein Forum ziehen müsse, auch habe er sich nach Paris gewandt, dass der österr. Gesandte sich bei Louis Philipp über den Grafen Menton beklagen solle, und er bemerkte Herrn Merlato: seid fest, ich werde euch im Nothfall mit der ganzen österreichischen Macht beschützen; Sie thuen gut, nicht an die Dinge zu glauben, welche man den Juden zuschiebt, ihr Reichthum erweckt ihnen den Neid. So der Generalkonsul von Alexandria an seinen Untergebenen Merlato, der nun selbst sagte (Laurent l. c. p. 207), er habe auf Befehl seiner Oberen über die Sache zwei Meinungen, eine äussere und eine innere; er sagte auch den Juden (ib. 123), dass der hohe Einfluss des Generalconsuls den Vicekönig bestimmt habe, die Sache vor sich zu ziehen. So vertheidigte nun Merlato in der Oeffentlichkeit, wie die Journale jener Zeit noch zeigen, die Juden, beleidigte den Grafen Menton und sagte, die in der Kloake gefundenen Knochen seien von einem Hunde, nicht von P. Thomas (Laurent l. c. 367), obgleich er selbst vorher der Beisetzung der Ueberreste des Paters beigewohnt hatte (ib. 300). Die anderen Consuln, wie der von England insbesondere (p. 303. 316), benahmen sich würdiger, der Wahrheit gemäss; so auch der österreichische Consul von Beirut (p. 289), der schrieb: „Welch' ein Entsetzen! die reichen Arari machen sich zu Mördern, haben den Muth, einen armen alten Kapuziner zu erwürgen!"

Eine weitere jüdische Intrigue zur Rettung der Angeklagten wird von Laurent l. c. S. 258 erzählt. Ein türkischer Beamter bot nämlich, offenbar durch jüdisches Geld bestochen, dem noch lebenden Bruder des Ibrahim (Dieners des P. Thomas) an, sich als Mörder des Paters und seines Bruders auszugeben; er, der Türke, werde ihm Gnade, Verzeihung und jede Sicherheit und Wohlthat verschaffen. Da dieser Versuch fehlschlug, wurden einige Kerle gewonnen, sich eine Leiche zu verschaffen, diese zu zerstücken und jeder ein Glied in irgend ein Haus zu tragen, um hernach zu sagen, der Leichnam des Paters sei anderswo gefunden, als wo er getödtet sein sollte (Laurent 260). Die Bestechungsversuche der Juden bei Türken und Christen, Privaten und öffentlichen Beamten waren so allgemein bekannt, dass das „Journal von Smyrna" (2. Juni 1840) nach Laurent (l. c. 294) schreiben konnte: „Die Juden von Damaskus hören nicht auf, Geld zu bieten, so dass die Regierung, wenn sie wollte, Schätze erwerben könnte; sie fahren fort mit Geldofferten, um die unauslöschliche Makel, welche durch diesen Mord über sie kam, abzuwaschen."

Blut auf der Douana. Barker. Gervalone. Katharina: neue Fälle des Blutrituals.

Die Processacten (l. c. 301) berichten bei diesem Anlass auch folgenden merkwürdigen Fall. In Damaskus, heisst es l. c., kam auf der Douana ein Kasten an für einen Juden. Man ersuchte ihn, den Kasten zu öffnen. Er weigerte es und bot 100, dann 200, hierauf 300, weiter 1000 und endlich 10000 Piaster (2500 Francs), wenn er den Kasten ungeöffnet an sich nehmen dürfe. Der Zollbeamte weigerte es, öffnete selbst den Kasten und fand darin eine Flasche mit Blut.. Gefragt darüber sagte der Jude, dass sie den Brauch hätten, das Blut ihrer Oberrabbiner und anderer bedeutenden Personen zu bewahren; man war zufrieden mit dieser Antwort und liess den Juden nach Jerusalem abreisen.

Zur Sache selbst ist übrigens in Ehren auch Lord Barker's, des früheren Generalconsuls von England in Aleppo, zu gedenken. In einem Briefe (Laurent l. c. 302. 304.) sagt er, zugleich auf einen dem Juden Rufful Ancona zugelegten Mord einer Person in Aleppo hinweisend: „Ich glaube sicher an das Menschenopfer, welches der französische Consul entdeckte; dies Mal haben sich die Hebräer ihr Opfer unter den Schutzbefohlenen Frankreich's ausgesucht." Auch ein preussischer Official zu Aleppo schrieb bei dieser Gelegenheit (Laurent 307) an den französischen Consul und fügte bei, ihm sei aus Turin ein ähnlicher Fall berichtet, indem die Juden dort eine Frau überfielen, plötzlich in eine Kammer schafften und in Gegenwart von zwei Rabbinern tödten wollten; aber der Ehemann sei der Gattin eben auf dem Fusse gefolgt, habe daher gewusst, dass sie im Ghetto sein müsse und sie mit Hülfe des schnell zur Hand gewesenen Militairs ge. . Der Mann heisse Antonio Gervalone.

Die Processacten enthalten ferner folgende beachtenswerthe Mittheilung einer früheren Jüdin B. Nud, die als Christin Katharina hiess. Von dieser Katharina (Laurent l. c. 312, 320 ff.) schrieb der eben erwähnte preussische Beamte an den franz. Consul. Ich habe nicht versäumt, zu Lattakieh die berühmte Hebräerin Ben-Nud zu besuchen, welche jetzt bei Frau Lanussa wohnt und Katharina heisst. Sie erzählte bereits dem franz. Grafen Durfort Civrac, wie sie als Kind von 5 oder 6 Jahren im Hause ihrer Tante zu Antiochia zwei Kinder an den Füssen aufgehängt sah; sie sei schnell zu der Tante gelaufen, ihr das Unglück zu melden, diese aber habe gesagt, es sei nichts und habe sie sofort hinaus geschickt. Bei ihrer Rückkehr habe sie die Kinder nicht mehr gesehen, aber wohl Gefässe voll Blut. Dies sei 1826 geschehen. Acht Jahre später war sie in Tripolis und sah, w.e die Juden einen alten Christen in ein Haus an der Synagoge schleppten, ihm Hände und Füsse banden, den Mund verstopften und an den Füssen aufhängten; so hing der Arme von Morgens neun Uhr an, was, wie Katharina sagte, zur Reinigung des Blutes geschehen musste. Als der Alte nahe daran war, den Geist aufzugeben, schnitten ihm die Juden mit dem Messer, welches die Rabbiner zum Koscherschlachten gebrauchen, den Hals durch und liessen den Körper hängen, bis alles Blut abgelaufen war. Der Leichnam wurde dann in's Meer geschafft. Dies geschah 1834. Drei Jahre später kam Katharina nach Lattakieh, wo sie den Sohn ihres Oheims heirathen musste, mit dem sie unglücklich lebte; und in diesen Jahren habe sie fast nie Fleisch bekommen, weil ein Rabbi zum Koscherschlachten selten in den Ort kam, aber alljährlich seien von Aleppo Ostermazzen geschickt worden, und zwar zweierlei: mossa und mossa gezira, beide äusserlich gleich, aber die letzteren hätten Menschenblut enthalten, wie es die Juden in den Ostertagen haben müssten (das syrische Wort gzar heisst schneiden, abschneiden, decretiren, so. dass Mossa gezira die gesetzliche, vorgeschriebene, legale Mazze bezeichnet). In der Nacht vor dem Ostertag, sagte Katharina, schlachtet man einen Hahn, heftet in an die Wand, quält ihn auf jede Weise und durchbohrt ihn mit einem Nagel, um das Leiden Jesu zu verspotten; im Hause des Herrn Beliar habe Katharina noch 1839 dieses wüste Treiben gesehen, als eben ein Rabbiner in den Ort gekommen sei; könne man statt des Hahns einen Christen kreuzigen, so sei dies den Wünschen der Juden entsprechender. Bei allen derlei Ceremonien, fügte sie bei, seien jene Juden, welche nach aussen furchtsamer aufträten, die grausamsten und am meisten fanatischen. Man sieht aus diesen Bekenntnissen, dass die rituellen Gepflogenheiten im Wesentlichen gleich sind, sofern eben Christenblut verlangt und genossen wird, nur in den accidentellen Weisen zeigen sich Differenzen.

Paolo Medici, Moldavo, Tiberias.

Zur Erläuterung des Thomasfalles erwähnen wir noch der Meldung des Exrabbi Paolo Medici's (Riti e costumi degli Ebrei cp. 26.), dass man am Purimfest einen Christen zu tödten sucht zum Gedächtniss Aman's, dass man aber in Ermangelung eines Christen auch einen Türken oder Heiden und Männer wie Weiber nehmen kann. Auch der Exrabbi Moldavo (1. c. cp. 3.) berichtet so und sagt, dass man von dem Blut in diesem Fall das „süsse Brod" macht, das man unter die angesehensten jüdischen Familien vertheilt, damit sie davon christlichen Freunden schenken, und zwar als kostbares Geschenk; wenn die Juden selbst auch von diesem „süssen Brod" geniessen, so ist es aus Hass, nach buchstäblicher Ausführung von solchen bildlichen Stellen, die von dem Trinken des Blutes der Feinde, dem Essen ihres Fleisches reden. „Aus Andacht," um ihrem Seelenheil zu nützen, können die Juden das Purimblut nicht geniessen, wenn es nicht Blut eines männlichen christlichen Kindes ist, dem unter grossen Peinen das Blut extrahirt wurde. Das Blut des Paters und seines Dieners wurde also jedenfalls für „das süsse Brod" der Purim gesucht. Indem Moldavo an der früher angeführten Stelle von den drei Motiven des Mordens redet, bezeichnet er das rituelle als das vornehmste, und die im Process von Damascus mitgetheilte Aussage, der Grund dieses Mordens sei das Geheimniss der Rabbiner, erklärt sich nach Moldavo aus der Ahnung dieser Meister, dass Jesus wirklich der Messias sein könne und der Genuss des Blutes der Seinigen, falls Er wirklich der Messias sei, auch der allen Menschen ja nöthigen Verdienste des Erlösungstodes des Messias theilhaftig mache und so den Seelen nütze. Der Blutgenuss findet dann im Nähern bei den Orthodoxen und strengen Observanten nach Moldavo fünf Mal statt. Zuerst bei der Beschneidung, indem man etwas Blutstaub oder auch frisches Blut in den Mund des Beschnittenen gibt, wie man von dem Staub auch auf die Beschneidungswunde streut. Zweitens bei der Ehe, indem der Rabbi den Gatten etwas davon in einem Ei zu essen gibt. Drittens am Busstag des 9. Juli. indem man wie am Hochzeitstag ein Ei mit etwas Blut geniesst. Viertens im Tode (wie ein Pendant zur letzten Oelung), wie oben gesagt wurde. Fünftens in den Ostermazzen und im Osterwein. Und so glauben die Juden (oder vielmehr die Rabbis und Eingeweihten), dass sie ihren Seelen auch durch das Blut des Nazareners nützen, indem sie mit dem Blut der Christen, der Glieder Jesu Christi, seines mystischen Leibes, fünf heilige Acte vornehmen, so zu sagen, fünf Sacramente feiern (Taufe, Busse, Ehe, Paschamahl, letzte Oelung.)

Indem der observante Jude auf solche Weise seiner Devotion genügt, begreift man, wie in dem Widerspruch des besseren Herzens Gesinnungen erwachsen, welche an der Stelle der Liebe Gottes nur mehr die Furcht belassen. So versteht man die merkwürdige Begegnung, welche ein Correspondent der Civilta (n. 767 p. 611 f.) 1860 mit einem Juden von Tiberias hatte. Der Jude war Rabbiner. Der Correspondent fragte ihn: lieben Sie Gott? Der Rabbi: ich fürchte Gott, aber ich liebe ihn nicht und kann ihn nicht lieben. Warum nicht? Ich bin Hebräer, sagte der Rabbi, mein Vater, Oheim, Urgrossvater waren es und ich sterbe als Hebräer. Aber, entgegnete der Andere, wesshalb kann denn der Hebräer Gott nicht lieben? Er antwortete mit einem Scherz, trank ein Glas Branntwein und ging. Etwas ähnliches findet man in der Poesie des Juden Emanuel unter dem Titel: „Das Credo" (Univers isr. 1. Mai 1882), wo die erste Strophe mit den Worten endet: O Dieu je crois à ta justice, Encore plus qu' à ta bonté.

18.

Intriguen zu Trient und Rom.

Die Intriguen der Juden in dem Process von Damaskus führen uns nach Trient zurück. Man muss die Schleichwege und Betrügereien kennen, die auch um den Trienter Fall sich lagern. Die Geschichte derselben findet sich in grosser Ausführlichkeit in den Tridentinischen Acten, welche Bonelli in seiner „Dissertazione apologetica", einem Theil der „Collectanea in Judaeos B. Simonis interemptores" mitgetheilt hat und die im Original in der k. Hofbibliothek aufbewahrt werden. Mit dem Buchstaben D ist im Folgenden die Dissertazione gemeint, C bezeichnet die Collectanea, die Zahlen zu beiden bedeuten die Seiten der Documente.

Es war also am 21. März 1475, dass die Juden zuerst über den Mord eines Christenkindes beriethen, und am 23. führten sie ihn aus. Schon am 24. März aber begann durch Giovanni de Salis, Prätor von Trient, und andere Doctoren die Untersuchung auf Befehl des Fürsten und Bischofs Hinderbach, der bis dahin den Hebräern so wohlgeneigt war, dass er das Missfallen des unter die canonisirten Seligen der Kirche aufgenommenen Bernardino da Feltre erregte. Am 23. Juli waren schon einige Mörder gerichtlich überführt, darunter Tobias, Israel, Mohar und Moses, als von allen Seiten Briefe an den Bischof und die Trienter Behörden (C. 22 u. ö.) meldeten, dass die Hebräer alles in Bewegung setzten, Fürsten, Papst und Kaiser, um mit Opferung fabelhafter Geldsummen ihre Unschuld zu beweisen. Gleich im Anfang schon hatten sie den Bischof bestimmen wollen, persönlich die Sache zu erledigen und kein gerichtliches Verfahren zu gestatten; aber sie fanden kein Gehör, denn der Fürstbischof wollte den Rechtsweg. Nachdem die Schuld Einiger kaum gerichtlich constatirt war, hatten sich die Hebräer bereits an den Papst Sixtus IV. gewandt. Von Sixtus langte gerade am 23. Juli ein Schreiben beim Bischof an, welches die Sistirung des Processes bis zur Ankunft eines päpstlichen Commissärs anordnete (C. 26); am 3. August lief ein zweites päpstliches Schreiben ein, worin es hiess, dass viele Fürsten das Vorgehen tadelten, obgleich es ihm (dem Papst) gerecht zu sein scheine, doch habe er den Bischof von Ventimiglia, einen gelehrten Mann, als päpstlichen Commissär nach Trient geschickt, um die Sache zu prüfen. Indess Hinderbach als weltlicher Landesherr übte die weltliche Gerichtsbarkeit in eigenem Lande, besass alle Autorität von Seite Kaiser Friederich's wie des Herzogs Sigismund, der Gouverneur in Tirol war, und er fuhr daher mit dem Processverfahren fort wie zuvor. Inzwischen kam der päpstliche Commissär, blieb aber nur einige Tage zu Trient und zog sich nach Roveredo in das Venetianische Gebiet zurück, weil er glaubte, dort freier zu sein. Dorthin liess er einige Tridentinische Christen laden, welche von den Juden fälschlich des Mordes angeklagt waren, setzte sie gefangen, schrieb viele Berichte gegen den Bischof nach Rom, begann auch einen Process gegen de Salis und die Tridentinischen Richter und zog sich nach Verona, wohin auch ein Christ Angelino, den man später in Rom für ganz schuldlos erkannte, in Ketten folgen musste, weil die Juden ihn als den eigentlichen Mörder anklagten. Der Codex 11—b Q. der Bibliothek Angelica in Rom enthält noch verschiedene Spottgedichte*) jener Tage auf den Commissär, welche das Urtheil des Volkes zum Ausdruck bringen. Der

---

*) Z. B. Trimphate Hebraei:
Da poi che la moneta
Fa que le colpe e li peccati vostri
Son volti in capo del nome christiano.

Commissär handelte wohl in gutem Glauben, hatte sich aber schändlich von Juden und Judengenossen betrügen lassen. Indessen fuhr Hinderbach zu Trient in seinem Process-verfahren ruhig fort. Unter anderen gestand am 3. Nov. 1475 den Kindesmord auch Sara, das Weib des Tobias, und Bella, des Mohar Weib; beide Weiber wurden hernach Christinnen und in Freiheit gesetzt. Am 10. März 1475 wurde alles bereits von uns Erzählte auch von Bona, Schwester Angelo's einge-standen, desgleichen von Anna, dem Weibe Israel's, die sich ebenfalls bekehrte und begnadigt wurde. Bella, Anna und Sara bekannten auch noch „viele" andere Kindesmorde aus früheren Jahren und überdies andere recht nichtswürdige Sachen. Man taufte sie am 27. Jänner 1477 am Grabe des hl. Simoncino, wo sie vor vielem Volk weinend ihre Verbrechen bekannten; sie nahmen auch die ihren Procuratoren für den römischen Process gegebenen Vollmachten zurück, indem sie sich und die anderen Juden für schuldig erklärten, was auch immer der päpstliche Commissär sagen möge. Von allen Weibern, welche in die Schuld verwickelt waren, erscheint als die merk-würdigste Brunetta, Samuel's Weib (D 156 ff.), die auch auf der Folter zu keinem Geständniss zu bringen war; erst als man sie in Frieden gehen liess und sie nichts mehr zu fürchten hatte, kam sie freiwillig, bekannte alles, wie wir es bereits kennen, und bat um die hl. Taufe; man gab ihr wegen ihrer Festigkeit und heldenmüthigen Selbstanklage mit Bewunderung Gehör und nannte sie Katharina.

Während Hinderbach seinen Weg gehend immer neue Beweise für die Schuld der Juden erhielt, ersannen diese so schwarze Pläne gegen den Bischof, dass man es gar nicht glauben würde, wenn nicht die officiellen Acten es enthielten. Wenig in dieser Hinsicht rechnen wir es, dass die Juden kaiserliche Edicte und päpstliche Bullen für sich anriefen. So wollten sie dem Bischof durch ein Edict des Kaisers Friedrich III. von 1470 Einhalt gebieten, wodurch der Kaiser die Angelegen-heiten der Juden für sein eigenes Forum reservirt haben sollte. Aber dieses Edict war entweder gefälscht oder unecht, da Friedrich vier Jahre später alles, was der Bischof von Trient gegen das vorgeschützte Edict gethan, bestätigte. Auch die bereits angeführten päpstlichen Bullen Gregor IX. von 1236 und Innocenz IV. von 1247 wurden in's Treffen geführt; viele halten dieselben, obgleich Rainaldus sie registrirt, für jüdische Erfindungen, und obendrein verbietet der genaue Wortlaut lediglich Verleumdungen und Ungerechtigkeiten gegen die Juden. wie der schon genannte Panvino (D 35) auch in Rom selbst geltend machte, als er bei der von Sixtus IV. angeordneten Revision des Tridentinischen Processes als Präsident fungirte. Ausser diesen den Hebräern geläufigen und ähnlichen Künsten (vgl. z. B. C. 88, D. 59—130) kam aber noch etwas ganz Unerhörtes vor. Verschiedene reiche Juden nämlich von Novara, Modena, Brescia, Venedig, Bassano, Roveredo gewannen mit ihrem Geld (ein Jude hatte sogar 12.000 Dukaten zur Disposition gestellt) einen unglücklichen Priester Paolo von Novara, dass er den Bischof und den Podesta de Salis vergifte und in dem Kanal, wo der Knabe Simon gefunden sei, ein eisernes Gitter beseitige, damit es den Schein gewinne, die Leiche sei von der oberen Strömung dorthin gespült; dann sollte er in Rom für den Commissär eintreten und die beiden Christen Schweizer (der bald sein Alibi nachwies) und Angelino als die wirklichen Mörder bezeichnen. Paolo gewann den Bischof durch die gut belegte Vorstellung, die Juden selbst wollten Se. G. den vergiften. Paolo war zwei Monate im Hause des Bischofs und wurde damit beschäftigt, authentische Copien des bischöflichen Processes für den Papst und den Kaiser (D 130, Fol. 2 des Processes) herzustellen. Während Paolo inzwischen auf die Ausführung seiner Pläne bedacht war, wurde er gegen die allgemeine Sitte wiederholt in der Stadt und draussen in Laienkleidern gesehen. Dieser Umstand erregte Verdacht und man setzte Paolo in Haft. In der Furcht, eines Tages zum Geständniss gezwungen zu werden, schnitt sich der Armselige mit einem Messer die Zungenspitze ab. Indess er wurde doch gefasst und bekannte dann, mit oder ohne Schwierigkeit im Sprechen, dass Grassino, welcher die 12.000 Dukaten zur Disposition stellte, sagte, der Podesta (D 59) würde sich und den Hebräern nützen können, wenn er wollte (aber der Podesta war so unbestechlich wie der Bischof); Paolo sagte auch, dass ungeheuere Summen für die Sache zusammen gebracht und von vielen auch vieles angenommen wurde; er selbst wolle (D 130), wie es mit den Juden abgeredet sei, nach Rom gehen und für den Commissär zeugen gemäss den schriftlich ihm gegebenen Instructionen der Juden Man von Pavia und Oguibene von Venedig; ferner, dass er bei der kurzen Anwesenheit des Commissärs zu Trient durch Briefe mit den Juden verkehrt habe, die er heimlich auf ein bestimmtes Fenster der Kirche vom hl. Nicolaus legte; ferner (D 138), dass heimlich drei Juden (Giampietro, ein zum Schein Getaufter, Salomon und Grassino) mit dem Auftrag nach Trient kamen, nichts zu sparen, um die Gefangenen zu befreien; ferner, dass man auch versuchte, den Leichnam des seligen

Simoncino zu stehlen; und dass Grassino ihm für seine Dienste 400 Dukaten geboten habe. Gefragt (D 147), wie er, ein Priester, den Bischof habe hintergehen und vergiften wollen, antwortete er, es wegen der 400 Ducaten gewollt zu haben. Welches Ende Paolo hatte, wird in den Documenten nicht mitgetheilt; jedenfalls starb er im Kerker zu Trient.

Gleichfalls juridisch festgestellt sind die Intriguen eines jüdischen Malers Israel, der sich auf der Durchreise als Gast des Tobias in Trient aufhielt, als der Mord geschah. Da er aber unschuldig zu sein schien und auch die Taufe begehrte (D 139), gab man ihn frei und taufte ihn im April 1475 mit dem Namen Wolfgang. Aber seine Freiheit benützte Wolfgang, um zu Gunsten der Gefangenen heimlich mit den Juden Italiens und Deutschland's zu verkehren, sowie mit dem Priester Paolo, und um dem Bischof, dem Podesta und dem Capitano Sporo nach dem Leben zu stellen. Er kam eines Tages zu dem oben erwähnten Salomo mit Gift, das aber Salomo als unwirksam bezeichnete. Dieser Salomo hatte bereits in Wien bei Kaiser Friedrich und in Innsbruck beim Erzherzog Sigismund mit Geld die Befreiung der Gefangenen zu bewirken gesucht, aber vergeblich; dann war er nach Trient gekommen, um mit Gift zu arbeiten. Auch war Wolfgang beim Commissär in Rovereto und gab falsches Zeugniss. Gefragt, wesshalb er Christ wurde, ohne zu glauben, sagte er (D 147), er habe dem Tode entgehen wollen, glaube nichts vom Christenthum und halte die jüdische Religion für gerecht und heilig. Ueber den Gebrauch des Blutes sagte er, er halte es für ein gutes Werk, Christenkinder zu tödten und ihr Blut zu essen und zu trinken, und dass er Blut eines Christenkindes, wenn er es zu Ostern haben und heimlich gebrauchen könne, gern geniesse, und dass er, wenn auch getauft, doch als Jude leben und sterben wolle. Diese Angaben sind in den Wiener Acten, nicht in den Vaticanischen verzeichnet; in den Wiener Acten steht auch die Aussage des Juden Lazzaro, dass man das Kind Simoncino nach seiner Tödtung anspie, ohrfeigte, seine Zunge herauszog, es beschmutzte, zwei Juden rissen auch mit den Zähnen ein Stück aus dem Ohr des Knaben.

Oft erwähnen die Documente der ungeheueren Summen, welche die Juden zu ihrer Rettung verausgabten. Am Aschermittwoch 1477 (C. 119. 120, 123) meldete Rottaler, einer der beiden Procuratoren Hinderbach's zu Rom, seinem Herrn: ebrei profusissime tribuunt suis procuratoribus. Am 22. Februar schrieb er, die Juden hätten durch Mailändische Kaufleute 3000 Dukaten nach Rom geschickt, doch die Sache des Bischofs stehe gut. Hinderbach selbst schrieb am 7. Oct. 1476 (C. 100) an Fra Michele da Milano, die Hebräer hätten zwei Maulesel mit Geld nach Rom geschickt. Am 6. März meldete Rottaler, dass die Juden dem Grafen Girolamo, dem in jenem Jahr zum Cardinal creirten Neffen des Papstes, 5000 Dukaten boten, aber der Graf habe sie davon gejagt. Dem Erzherzog Sigismund (D 232) boten sie Tausende von Gulden; bald nachher trieb Sigismund alle Juden aus Tirol, obgleich er anfangs den Commissär begünstigt hatte. Dem Bischof Hinderbach wollten die Juden von Grund auf ein neues Schloss bauen, und dem Podesta de Salis sagte der Jude Donato von Soncino, er könne soviel Geld nehmen, als er wolle, wenn er die Gefangenen frei gebe. Dann wählten sie aus den besten Doctoren von Padua ihre Advocaten und bezahlten sie profus. Einer der Procuratoren schrieb an Hinderbach: Die Juden spenden Gold und Silber in Rom, wir geben nur beschriebenes Papier (Acten und Gutachten etc. D 233.)

Als der Commissär und die Procuratoren Hinderbach's in Rom angelangt waren, setzte Sixtus IV. eine Congregation von sechs Cardinälen für die Sache ein, die nun unter dem Vorsitz des damals berühmtesten Juristen Franz Panvino von Padua geführt wurde. Endlich am 20. Juni 1478 erging das Urtheil, dass der Bischof von Trient alles recht gemacht habe und die Juden schuldig seien. Vier Jahre hatte der römische Process in Anspruch genommen, nicht auf Grund innerer Schwierigkeiten, sondern wegen der Intriguen der Hebräer und der Einmischungen, die sich mächtige Personen erlaubten.

Hiemit schliesse ich vorläufig den Thatsachenbeweis für den rituellen Blutgebrauch der Juden ab. Alle Fälle, welche die beglaubigte Geschichte der verschiedensten Zeiten und Länder meldet, zu erzählen, geht über meine Kräfte hinaus. Dazu müssten sich viele fleissige und geduldige Leute vereinigen. Aber um ein gerechtes Urtheil zu fällen, ist es auch nicht gerade nothwendig, alle Thatsachen der Geschichte zu kennen. Ich verweise nur noch auf etwa 50 berühmte Fälle dieser Art, welche kürzlich in der „Question juive" p. 56 ff. (Desclée, de Brower et Co. Broges 1882) zusammengestellt worden sind. Einige Fälle aus dieser Zahl will ich in späteren Heften über die Judenfrage umständlich erzählen, weil sie besonders interessant und lehrreich sind: so die Geschichte des Tiroler Anderle von Rinn, die Geschichte von dem Kinde zu Metz und des Patrones unseres Kronprinzen, nämlich des zu Ostern in Bern von den Juden getödteten S. Rudolf (Acta SS. 2. vol. April) u. A.

Ich schliesse mit dem wiederholten Bemerken, dass keineswegs alle Juden um das Blutgeheimniss wissen. dass viele Juden sich sogar mit Entsetzen davon abwenden und frei, nach den Ideen des Rationalismus erzogen, es förmlich unfassbar finden, wie ihre Observanten je derlei ausbrüten konnten. Dies alles habe ich gesagt und überdies deutlich angezeigt, dass auch viele Observanten mit Blut gespeiset werden. ohne es zu wissen. Man darf deshalb gegen die Juden im Allgemeinen keine Anklage erheben, die blos die Eingeweihten angeht und niemals wegen dieser Sache eine specielle Bestrafung am Leben fordern als nur für solche, welche thatsächlich überwiesen werden. Aber anderseits weiss man ja gar nicht, wo und wie eine Stadt mit „Eingeweihten" gesegnet ist, und darum ist, weil die rabbinische Blutlehre unleugbar existirt, für die Christen doppelte Wachsamkeit am Platz und mindestens die Forderung gesetzlicher Einschränkungen der Juden auch auf Grund dieser Blutlehre um so motivirter, als ja in unseren Tagen die ungefährliche Ausführung der rabbinischen Ideen weitaus leichter ist als in alten Zeiten. Dies sollte man um so ernster bedenken. als selbst die Archives israélites (30. März 1882), das Organ der bizarren Reformjuden, nachdrücklich einprägen, dass die religiösen Paschavorschriften von äusserster Wichtigkeit seien und man auch nicht eine ausser Acht lassen dürfe, dass, während die Frauen ihren Arbeiten oblägen, die Männer die Mazzen bereiten, welche „eine so scrupulöse Sorgfalt erheischen". Der Autor nennt das Wort Blut hier nicht. aber die „scrupulöse Sorgfalt" und die Entfernung der gesprächigen Frauen passt ohne Zweifel zu den Ergebnissen des Trienter Processes und anderen Mittheilungen, die wir kennen lernten.

19.

Bernardino von Feltre.

Wenn man aber endlich sagt, dass die christliche Liebe sich um jüdische Dinge überhaupt nicht kümmern solle. so spreche ich nein dazu und weise, um von eigentlich selbstverständlichen Argumenten gar nicht zu reden, auf die grossen Gottesmänner Bernardino von Feltre und Kapistranus hin. welche bekanntlich im Album der kirchlichen Heiligen stehen und sich speciell auch durch ihr Wirken gegen die Juden um unser liebes Oesterreich grosse Verdienste erworben haben.

Ueber Bernardino lese man die Bollandisten (28. Sept. VII. Band für Sept.); weil man es aber nicht leicht thut, will ich hier Einiges von ihm melden. Als Ferdinand die Juden aus Spanien jagte, predigte Bernardin am 4. August 1492 in Genua gegen ihre Aufnahme und erreichte auch, dass nicht viele aufgenommen wurden. Aber die Genuesen wollten doch nicht ganz von dem vertrauten Umgang mit Juden ablassen; deshalb kündigte ihnen Bernardin prophetisch den Krieg und die Pest an, die auch im folgenden Jahre die Stadt jämmerlich verheerten. In Bergamo predigte er 1480 (Boll. l. c. n. 87) mit solchem Eifer gegen die Juden, dass der Herzog von Mailand ihn ermahnte, abzulassen, weil ein Aufstand im Volke ausbrechen könnte; aber der Heilige liess nicht ab, zu predigen, weil er die grossen Uebel sah, welche der nahe Verkehr mit den Juden den Christen bereite. In Modena predigte er 1486 mit einer Kraft, dass eine Jüdin ihn vergiften wollte (ib. n. 164). In Florenz trat er 1487 (n. 216—247) mit einem Eifer auf, dass der Magistrat sich gegen ihn erhob und zuerst, von Juden bestochen, die Errichtung einer von Bernardin gerathenen christlichen Sparkassa verhinderte, dann ihn selbst aus dem ganzen Gebiet exilirte. In Aquila brachten die Hebräer den Statthalter gegen ihn auf, so dass dieser ihm schrieb (1488, l. c. n. 251—53), König Ferdinand II. von Neapel zürne dem Prediger, weil er die Bürger gegen die Juden einnehme. Bernardin antwortete, er vertrete die Sache der Armen und Gottes, bekämpfe den Wucher und wundere sich sehr, dass katholische Fürsten diese gens scelestissima, christianis infensissima, Deo et hominibus exosa so begünstigen könnten. Gleich darauf predigte er zu Ehren des nahe bei Aquila geborenen sel. Kapistran, des „unversöhnlichen Feindes der Juden", wie er ihn nannte, der im letzten Jahrhundert halb Europa mit seinen Predigten gegen die Juden angefüllt habe. In Siena weigerte 1489 der Vicar des Bischofs (l. c. 264 f.) wegen jüdischer Machinationen einer Jüdin die Taufe, welche sie -inständigst begehrte; Bernardin taufte sie „frendentibus Ebreis;" dann predigte er in Siena und warnte dringendst gegen die jüdischen Aerzte.

P. Nicolaus V. verbot den Christen 1451, von den Hebräern Medicinen zu nehmen. Wir finden diese und ähnliche Verbote wiederholt. So leicht ist es ja zu begreifen, dass die Päpste auf ihrer hohen Warte von der rabbinischen Lehre wussten, Christen für rituelle Zwecke, für die Ostermazzen, für die süssen Purimkuchen oder aus Hass zu tödten. Der Cardinalvicar des Papstes Clemens XI. befahl deshalb am 2. April 1708, dass

die Juden den Christen weder Mazzen, verkaufen noch s c h e n-
k e n (ch. Purim!), und den Christen dass sie dieselben nicht
annehmen dürften. Dieses Edict, für den Kirchenstaat mit Geld-
strafen und drei Hieben eingeschärft, theilt Ferraris (n. 19 Art.
Hebraeus) mit. Pfefferkorn bekannte 1514 sterbend, dass er
als Arzt unter dem Titel von Medicinen acht Christen mit
Gift umgebracht habe. (Bonelli, diss. cp. 2. n. XIV. nota.)
Marini hat in einem Buche „Archiatri Pontificii" gezeigt, dass
sich einige Päpste zuweilen auch in speciellen Fällen von jüdischen Aerzten bedienen liessen, aber gleichwohl als allgemeine
Regel für die Christen aufstellten, dass die Anwendung jüdischer
Aerzte und Apotheker nicht zu billigen sei. In der That kann
ja ein Privater auch nicht wie ein Monarch die Vorsichtsmass-
regeln treffen, welche einem Arzt gegenüber, der im Innersten
seines Herzens rabbinischen Ideen huldigen kann, nöthig sind.
Täglich geschieht es ja auch, dass ein Vater seinem Sohne
verbietet, ein Rasirmesser oder ein Gewehr zu berühren, während
der Vater selbst sich derselben ohne Umstände bedient. Wir
wollen nicht an der Tüchtigkeit oder filanthropischen Gesinnung
jüdischer Aerzte zweifeln, als ob sie in diesen Beziehungen
unter den atheistischen oder freigeisterischeren Medizinern
ständen. Wir wollen, wenn sie nicht heilen, mit ihnen sagen,
die Wissenschaft sei hier ohnmächtig, und nicht reden von
mächtiger Unwissenheit. Wir wollen auch aus dem schlechten
Willen der Freigeister und Juden, politische und nationale Schäden
zu heilen, wo sie als Politiker und Deputirte agiren, nicht folgern,
dass sie als Aerzte gerade den Willen hätten, ihre Gesinnungsgenossen blos gut zu bedienen, wie es Rabbi Jakob im Process
von Damaskus nahelegte. Aber man kann uns nicht verübeln,
wenn wir von dem ungläubigen und jüdischen Arzte denken,
dass seine individuellen Anschauungen über die Menschen-
pflichten gar sehr von den christlichen abweichen könnten
und also, da wir in's Herz nicht sehen können, immerhin nach
rabbinischen Grundsätzen, wie sie Rabbi Jakob aussprach und
Pfefferkorn nebst Andern (s. unten) thatsächlich befolgten, gerichtet sein könnten. Und deshalb predige ich mit dem h. Bernardino (Boll. l. c. 266), der jüdische Arzt solle Juden und nicht
Christen bedienen wie der atheistische Arzt Freigeister und nicht
Gläubige bedienen sollte. Bernardino sagte öffentlich auf der
Kanzel von Siena 1489 (l. c.), dass ein jüdischerArzt von Avignon
sterbend erklärte, er sterbe befriedigt, da er mit falschen Medicinen
viele tausend (multa millia) Christen getödtet habe; viele, welche
seine Medicinen verschmähten, seien geheilt worden. Bernardino
sagte auch, dass eine Fürstin Borghese ihrem Mann widerstand,

der für den kranken Sohn einen jüdischen Arzt gewünscht habe, und der Sohn sei gesund geworden. Und ein jüdischer Arzt, den trotzdem viele weiter gebrauchten. dass B. dagegen sprach, starb, wie es der Heilige geweissagt hatte, bald eines plötzlichen Todes. Auch in Lucca (ib. n. 268) predigte B. gegen die Hebräer; und da man ihm eine Bulle Nikolaus V. zeigte, welche gegen ihn spreche, lieferte er durch die Beamten des päpstlichen Hofes den Beweis, dass die Bulle unecht und ohne Wissen des Papstes erschienen sei. In Faenza (1. c. n. 323) setzte er es durch, dass der jüdische Arzt Lazzaro, der durch Ansehen, Reichthum und Wissenschaft dominirte, aus der Stadt vertrieben wurde. In Ravenna (n. 318—321) wollte der Doge die Synagoge zerstören; Bernardin begnügte sich, die Vertreibung der Juden zu fordern, wenn sie nicht das Wuchern sein lassen wollten. In Venedig hatten die Juden ein Edict erlangt, man solle ihnen nicht schaden; daraufhin verbot der Vicär des Bischofs von Verona (n. 371) 1492 dem Seligen das Predigen; Bernardino ging also fort, aber die Veroneser machten solchen Lärm darob, dass man den Gottesmann zurückholen musste. Im Jahre 1494 (n. 461) wurde B. auf dem Wege von Padua nach Brescia krank und nach Monselice gebracht; kaum angekommen, wurde er von dem Prätor ersucht, zu predigen, und er predigte auf dem Markt, dass man das Wuchern der Juden abstelle, ihre Geschenke und ihren Umgang fliehe und katholische Sparkassen errichte, was sofort auch mit Approbation des Senates von Venedig geschah. Man sieht, Bernardin konnte nicht predigen, ohne von den Juden zu reden; heute würden viele Regierungen dagegen protestiren, wenngleich wahr ist, dass ein Bernardino heute noch viel mehr zu sagen hätte als damals, und einsichtige Leute vielleicht (die Regierungen mögen urtheilen, ich sage nichts) nicht unrichtig meinen, dass die Judenplage unsere ganze Misère unheilbar mache. Von Monselice kam B. nach Este; dort aber war ein Brief für ihn von Venedig, dass er nicht gegen die Juden predigen solle, weil ein Aufstand des Volkes kommen könnte; er reiste gleich weiter, wurde aber von dem Volk zurückgeholt und predigte nun, ohne von den Hebräern zu reden, nur dass er die kanonischen Gesetze gegen den Wucher der Juden und den vertraulichen Umgang mit ihnen verkündigte (1. c. 463); die Juden knirschten und man gründete sofort eine christliche Sparkassa. In Crema (n. 476) hielt man ihm wieder das Verbot von Venedig entgegen, gegen die Juden zu predigen; der Heilige ging, mit dem Bemerken, dass er bedauere, dass die „Serenissima Republica" die Juden derart begünstige, dass er nicht frei Gottes Wort zum Schutze der Christen verkündigen dürfe. deren Eigenthum die Juden verschlängen. Im Jahre 1487 nach seiner Vertreibung aus Florenz durfte er in Crema predigen (n. 218) und er sagte hier, gefragt, wesshalb er immer gegen die Juden predige: „Ich sage in eurer Stadt von den Juden, was ich überall sage: nämlich, dass Niemand. dem sein Seelenheil lieb ist, den Juden in ihrer Person, in ihren Gütern ' oder sonst schaden darf. Denn auch gegen die Juden müssen wir die christliche Gerechtigkeit und Liebe beobachten, weil sie Menschen sind: oportet eos pro sola humanitate fovere, sagt das kanonische Recht (cp. de Testibus; Judeis). So habe ich überall gepredigt und so predige ich auch hier, und ich wünsche, Gehör zu finden; denn dies befehlen die Päpste, dies befiehlt die christliche Liebe. Aber es ist auch wahr, dass die kanonischen Gesetze den vertrauten Umgang mit Juden. den Gebrauch ihrer Aerzte, den Besuch ihrer Gastmähler verbieten. Und trotzdem. sehet da den Hebräer Leo, er macht Hochzeit seinem Sohne, und sehr viele gehen an seine Tafel, auf seinen Ball. Und die Kranken holen sich jüdische Aerzte. Wie kann ich schweigen zu diesen Dingen? Wie kann ich die Wahrheit predigen und absehen von den Sünden gegen Gott, von der Uebertretung der kanonischen Gesetze? Der Wucher des Juden ist so übergross dass die Armen erwürgt werden. Und ich, der ich das Brod der Armen esse, sollte ein stummer Hund sein an dieser Stätte der Wahrheit! Die Hunde bellen zu jenen auf, die ihren Hunger stillen; und ich, der das Brod der Armen isset, sollte schweigen. da ich ihre Ausraubung sehe? Die Hunde bellen nach ihrem Herrn, und ich sollte nicht schreien nach Christus?"